中公新書 2058

清水克行著

日本神判史

盟神探湯・湯起請・鉄火起請

中央公論新社刊

はじめに——残酷すぎる伝説——

近江路にて

二〇〇八年初春、私は職場での年度末業務のひととおりを、もどかしい思いで終えると、すぐさま単身で、まだ寒い滋賀県の山間部にまで調査に出かけた。向かった先は、JR彦根《ひこね》駅から近江《おうみ》鉄道で一時間あまり、さらにそこから決して本数の多くないバスで一〇分あまり走ったところにある、滋賀県蒲生《がもう》郡日野《ひの》町の馬見岡綿向《うまみおかわたむき》神社である。

いまから約四〇〇年前の元和《げんな》五年（一六一九）――。この地域は東郷《ひがしのごう》九ヶ村（熊野《くまの》・平子《ひらこ》・北畑《きたばた》・蔵王《ざおう》・音羽《おとわ》・仁本木《にほんぎ》・仁正寺《にしょうじ》・松尾《まつお》・日野町）と西郷《にしのごう》九ヶ村（石原《いしはら》・内池《うちいけ》・野口《のぐち》・三十坪《みそつ》・小谷《こだに》・増田《ましだ》・鋳物師《いもじ》・岡本《おかもと》・麻生《あそう》）に分かれて日野山の領有をめぐって延々一〇年にわたる長い山争いを展開していた。当時は、こうした訴訟や自力による紛争のことを相論《そうろん》とよ

馬見岡綿向神社（滋賀県蒲生郡日野町）

んだが、この山相論があまりに長引いて泥沼に陥ってしまったため、このとき、ついに一方の西郷の側から「鉄火《てっか》」によって決着をつけようという提案がなされた。

「鉄火」とは、正しくは鉄火《てっか》起請《ぎしょう》、あるいは鉄火裁判とか火《ひ》起請《ぎしょう》とよばれるもので、争い合う双方が神仏に正義を誓ったうえで焼けた鉄片を握り、そのときの火傷《やけど》が軽い者を勝者とし、重い者を敗者とする、この時期に独特の裁判の形態である。もちろん焼けた鉄片を握れば誰でも火傷するのが当たり前なのだが、神仏の前でこれを行うことにより、正しい者は神仏の加護により火傷は軽症で済むはずだと、当時の人々のあいだでは信じられていたらしい。このように神仏に罪の有無や正邪を問う裁判は、前近代の世界各地ではふつうに見られるもので、神明《しんめい》裁判とか神意《しんい》裁判、神判《しんぱん》などとよばれている。

このときは、西郷のうち石原村に住む角兵衛という「才智ある者」がこれを提案し、みずから進んで、この鉄火の取り手になると名乗り出た。角兵衛は石原村で長い間扶助されてきた「浪人」で、彼は村への恩返しとして、鉄火の取り手に立候補したらしい。この角兵衛による鉄火裁判の提案は、すぐに西郷側の村役人たちによって東郷側に持ち込まれることになった。

しかし、この提案を受けて東郷側は動揺した。東郷としては、これを拒絶すれば、東郷が自分たちの主張が理に合わないことを承知しており、そのために神罰を恐れているのだともいわれかねない。さりとて、村人の誰がこんな恐ろしい役目を率先して引き受けるだろうか。誰もが言葉に詰まっていたところ、最初、日野の村井《むらい》横町《よこまち》の九郎左衛門という「生得律儀なりける」者がこの役目を買って出た。ただ、その後の西郷との交渉過程で、交渉役にあたった音羽村庄屋の喜助という者が、西郷の者から臆病《おくびょう》をなじられたのを契機に、あらためて取り手として名乗りをあげ、けっきょく東郷を代表する鉄火の取り手は九郎左衛門にかわり喜助の役目となった。

鉄火裁判

かくして元和五年九月一八日、江戸幕府の検使の立ち会いのもと、東郷と西郷の鉄火裁判が行われることになった。このとき、その灼熱《しゃくねつ》の鉄片を握る勝負の場となったのが、この綿向神社なのである。当日、神社の神前には棚が飾られ、喜助と角兵衛の二人は白木綿の衣裳《いしょう》に身を包み、その前に立った。そして、そこから五間（約九・一メートル）ほど南の場所では炭がおこされ、斧《おの》のかたちに加工された二つの鉄片が真っ赤になるまで焼かれていた。さらに不正を防止するため、東郷が持ち込んだ鉄火は西郷の角兵衛が使用し、西郷が持ち込んだ鉄火は東郷の喜助が使用することにしたという。ここでの二人の役目は、手のひらの上に折皮《へぎかわ》（おにぎりなどを包む、木を紙のように薄く削ったもの）を一枚置き、その上にこの鉄火を載せ、九メートル離れた神棚まで運ぶというものであった。

緊張の一瞬。このとき喜助の老母は、息子が鉄火をしくじったときには、わが手で息子を成敗しようと、長刀《なぎなた》をもって神社に駆けつけていた。そして居並ぶ誰もが固唾《かたず》を呑《の》んで見守るなか、二人は鉄火を取った。喜助は鉄火を受け取ると、さすがに熱かったのか、すぐさま神棚に向かって三間（約五・四メートル）ばかり駆け込み、そのまま神棚に鉄火を投げ入れた。すると真っ赤に焼けた鉄火は、そのまま神棚の棚板を焼き抜き、棚の下に煙をあげて落下したという。一方、最初に鉄火を提案した角兵衛の側は、鉄火を受け取ると、たちまちのうちに手のひらが焼け焦げ、とてものことに走ることすらできず、その場で鉄火を投げ落としてしまった。たまらずに、その場から逃げようとする角兵衛を、すぐに幕府の役人たちは取り押さえ、翌日、角兵衛は町中を引き廻され、気の毒にも磔《はりつけ》にされてしまったという。

後に伝えられるところによれば、「いささか奸智《かんち》ある者」である角兵衛は、この鉄火裁判に際して、熱しても赤くなるばかりで、さして熱くならない鉄片を用意しており、これを使うことで裁判に勝利しようと企《たくら》んでいたらしい。ところが、裁判の直前に双方の持ち込んだ鉄火が交換されてしまったため、その企みが失敗し、みずからの提案した裁判により惨めな最期を遂げることになってしまったのだという。

以上が、四〇〇年前のわが国で実際に行われた鉄火裁判の顛末《てんまつ》である。この裁判の結果、係争地であった日野山は東郷九ヶ村の領有となり、一〇年におよんだ山相論は決着をみた。ここに紹介した裁判の一連の経緯は、綿向神社に伝えられた『山論鉄火裁許之訳書《わけがき》』という古文書に書き記されている。私は、一説には戦後に紛失されたともいわれる、この古文書の所在を確認するためと、この不思議な裁判のあった現場に実際に立ってみたいという思いから、まだ日野山の頂きに白い雪の残る、初春の近江路を訪ねたのである。

音羽村喜助顕彰碑（滋賀県蒲生郡日野町、雲迎寺内）

村の英雄譚

綿向神社では、突然の来訪にもかかわらず宮司の社《やしろ》信之氏（一九五五年生まれ）から懇切な歓待を受け、土地での伝承を伺ったり、社蔵の古文書などを見せていただいたりした。そのなかには紛失したとされてきた『山論鉄火裁許之訳書』の写本二種も確認することができた。しかし、なかでも私を驚かせたのは、四〇〇年前の鉄火裁判に勝利した喜助の子孫たちが、いまでも新暦一〇月一八日（かつては鉄火裁判の行われた旧暦九月一八日）早朝に喜助の勇気を讃《たた》え、この神社で「鉄火祭」とよばれる神事を行っているということだった。

古文書のなかにも、鉄火裁判に勝利した喜助は、その後、褒美《ほうび》として東郷の村人たちから蔵王村砥《と》山《やま》の土地を与えられたとある。また、喜助より先に鉄火の取り手を申し出た九郎左衛門にも村井町南に三畝あまりの田地が与えられ、この田地はその後も地元で「鉄火田」とよばれ続けたと書かれている。宮司の社氏のお話によれば、この九郎左衛門の家は現在は絶

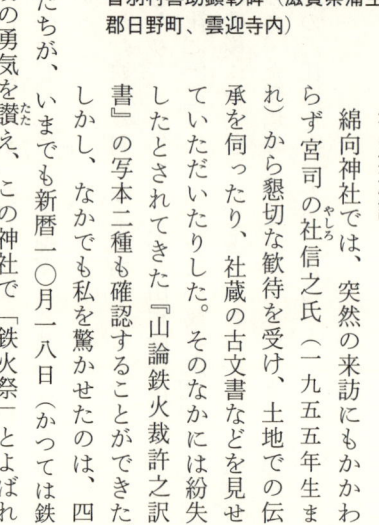

えてしまったが、昔から鉄火田のある大窪《おおくぼ》の集落からは正月に綿向神社に鉄火田から収穫された米が供えられる慣《なら》わしが続いていたという。現在では、いつしか収穫米が酒に変わってしまったが、それでも大窪の集落から正月に綿向神社に酒を納めるのは恒例行事として続いているとのことである。

また、綿向神社から数キロ離れた音羽の雲迎寺《うんこうじ》は喜助の菩提寺《ぼだいじ》と伝えられており、その境内には、いつ建立されたものかは不明だが、「喜助翁／鐵火記念」と刻まれた喜助の顕彰碑も建てられている（写真参照）。私にとっては意外なことだったが、この地域の人々にとって鉄火裁判は、決して遠い昔の狂信的な暗黒裁判などではなく、いまでも地域の誇るべき歴史として真摯《しんし》に語り伝えられていたのである。

会津路にて

こうした鉄火裁判の伝承は、この地域にかぎられたものではない。私は滋賀県での調査の半年後、こんどは別の鉄火裁判の伝承を探りに、研究者仲間と初雪が降る直前の福島県耶麻《やま》郡西会津《にしあいづ》町を訪ねてみた。

奇遇にも滋賀県日野町で鉄火裁判が行われたのと同じ元和五年、ここ西会津でも鉄火裁判が行われている。このときも、その原因は山の領有をめぐる紛争にあった。西会津の綱沢《つなざわ》村

（現在の西会津町睦合《むつあい》字縄沢《つなざわ》）と松尾《まつお》村（現在の西会津町尾野本《おのもと》字松尾）という二つの村落が、互いに利用している綱沢山の境界線をめぐって、激しい争いを展開していたのである。この争いは、最初会津藩に持ち込まれたが、あまりに込み入った事情に会津藩もおいそれと裁定を下すことができず、藩はわずかに絵図上に境界線を示し玉虫色の調停案をもちかけることぐらいしかできなかった。もちろん、双方の村はこれには納得せず、けっきょく二つの村は「ぜひ鉄火の勝負に仕るべし」と、みずから進んで鉄火裁判による裁決を希望することになったのである。

このときも一方の綱沢村では、誰もが火傷を恐れて鉄火を取るのを躊躇《ちゅうちょ》し、代表者として名乗り出ようという者はなかなか現れなかった。しかし、そのなかで肝煎《きもいり》であった青津次郎右衛門は、ついに「勇気勃然《ぼつぜん》として」代表者として名乗りをあげ、あわせて「ひとたび鉄火を握れば火傷の後遺症でまともな農作業ができなくなってしまう。そこで願わくば鉄火裁判に勝利したあかつきには、以後の農作業について村の人々からの助力をお願いしたい」という交換条件を提示した。これを受けて、村人たちから次郎右衛門に対して、長期にわたる経済補償（農作業の援助）を講じることが約束された。

こうして鉄火裁判は、周辺の村々の惣鎮守《そうちんじゅ》であった野沢本町《のざわもとまち》村（現在の西会津町野沢）の諏方《すわ》神社を舞台に、会津藩役人の立ち会いのもと執り行われることになった。綱沢村の代表はさきの青津次郎右衛門、松尾村の代表は長谷川清左衛門という「剛強の者」だった。二人は礼服を着用し、熊野権現の牛玉宝印《ごおうほういん》とよばれる護符《ごふ》（お守りのお札紙《ふだがみ》）を手のひらに載せて、神前の燃えさかる炉の前に厳《おごそ》かに歩みを進めた。これに対し役人は炎のなかから焼けた鉄火を挟み出し、それぞれの手の牛玉宝印の上に置いた。すると、どうだろう。綱沢村の次郎右衛門は鉄火を受け取ると、意外にも平気な顔で三度まで額の高さまで鉄火をおしいただいたうえ、神前の三方《さんぼう》（供物などを載せる台）の上に鉄火を載せることにやすやすと成功してしまう。しかし、一方の松尾村の清左衛門のほうは悲惨である。鉄火を受け取ると同時に、彼の手の上の牛玉宝印は激しく燃えあがってしまう。彼は衝撃と苦痛のあまり、たちまち鉄火を地面に放り投げ、そのまま倒れ伏し、ついには息絶えてしまったという（一説には、その後に処刑されたともいわれている）。

敗者の伝説

こうして鉄火裁判は、あっけなく綱沢村の勝利に終わった。このことは近世後期に編纂《へんさん》された『新編会津風土記』や、鉄火に勝利した青津家に伝わる「青津家文書」に詳しく書き記されている。しかし、この鉄火裁判のエピソードも、さきの滋賀県の例と同じく古文書のうえだけの過去の話ではなく、地元ではいまだに昨日のことのように生々しい伝承が語り伝えられている。たとえば、鉄火裁判の舞台となった野沢本町の諏方神社の境内には、二〇年ほど前まで「テガ焼きの松」とよばれる古松が生えていた。これは「鉄火焼きの松」の意で、地元ではこの松の場所で鉄火裁判が行われたと伝えられていたという。

また、裁判に勝利した次郎右衛門のその後であるが、彼に約束どおり村人から経済補償（農作業の補助）がなされたことは、古文書のうえからも確認することができる。『新編会津風土記』によれば、その補償は彼一代にとどまらず、なんと一九世紀初頭の彼の六代目の子孫にまでおよんでいたという。その次郎右衛門の墓所は村内の広谷寺《こうこくじ》（興国寺とも書く）にいまも残されているが、郷土史研究家の斎藤豊一氏（一九三〇年生まれ）の御教示によれば、つい最近までお彼岸になると旧綱沢村の人々は彼の墓所の周囲を掃除するのを恒例行事としていたという。さきの音羽村の喜助のように、次郎右衛門は〝村の英雄〟として人々に記憶され続けていたのである。

一方、負けた側の松尾村の清左衛門は、その後どうなったのだろうか。近江の事例では負けた角兵衛側の伝承は何ら残されていなかったが、この会津の事例は敗者の側の伝承が強烈である。まず『新編会津風土記』によれば、鉄火裁判に負けて、その場でショック死してしまった清左衛門の遺体はバラバラに切り刻まれ、その遺体は新しく決定した両村の境界線上に首・胴・足を三ヶ所に分けて埋められ、以後、その三つの塚が両村の境界の目印にされたという。何とも信じがたいグロテスクな話である。しかし、この話は現在もこの地域の人々のあいだで語り継がれており、現に綱沢山の山腹にはいまも高いところから順に清左衛門の足塚・首塚・胴塚が点在しており、その順番が通常の首→胴→足の順番になっていないのは、鉄火裁判の敗者への懲らしめとして意味があったという話も地元ではまことしやかに語り伝えられている（斎藤氏は、この理解には懐疑的である）。また、現在、松尾村の真福寺《しんぷくじ》と綱沢山の三つの塚の上には昭和二年（一九二七）の銘文のある長谷川清左衛門の供養碑が建てられている（写真参照）。これは、大正末年に松尾村で村の肝煎がなぜか若死にする例が相次いだおり、ある村人の夢枕《ゆめまくら》に長谷川清左衛門の霊が現れ「こうなったのは、村のために死んだ私を弔わないからだ」と訴えるということがあり、これをきっかけに清左衛門の供養のために造立されたのだという。

長谷川清左衛門の墓（福島県耶麻郡西会津町松尾、真福寺内）

　このようなわけで、現在でも旧松尾村の人々のあいだには清左衛門の悲劇の記憶と旧綱沢村への複雑な感情は息づいているらしい。私などは初めて聴いて耳を疑ったが、わずか直線距離で三キロほどの場所にありながら、旧松尾村と旧綱沢村とのあいだではいまでも結婚する男女はなく、かりにそうした話が持ち上がっても周囲の反対で破談になるのだという。近江の事例も、この会津の事例も、どちらも決して歴史上の有名な事件ではなく、まちがっても歴史教科書などに紹介されるような話ではないが、地元に生きる人々には歴史教科書のうえのつまらない事項よりも、もっと生々しく現代に直結する事件として記憶されていたのである。

本書のねらい

室町から戦国期（一五～一六世紀）の社会史を専門に研究している私は、もう一〇年以上も前から、こうした不可思議な裁判のあり方に興味をもって、他の調べもので古文書や古記録をめくるかたわら、目にとまるたびに気長に事例を集めてきた。最初のうちは、あてもなく漫然と行っていた作業で、そのうちまとまったら論文にでもしようか、と呑気《のんき》に思っていたのだが、気づけば、いつしか事例も相当な数になってしまっていた（その全貌《ぜんぼう》は巻末の一覧表をご参照いただきたい）。

そうして集めた事例を通覧して気づくのは、この鉄火裁判は、なぜか戦国から江戸初期（一六世紀後半～一七世紀前半）の数十年間にだけ集中的に確認される現象で、決して古代・

中世の昔から継続的に行われてきたことではない、ということだ。それ以前の室町時代には鉄火起請のかわりに、煮えたぎった熱湯のなかに手を入れて、火傷の具合で有罪・無罪を判定する湯起請《ゆぎしょう》とよばれる熱湯裁判が行われていた。しかし、その湯起請すらも決して古くから行われてきたものではなく、室町時代（一五世紀）の一〇〇年間のみに集中的に出現する流行現象だったようだ。

いまのところ私は、湯起請については八七件の事例を確認しており、鉄火裁判については四五件の事例を確認している。それらのデータをもとに単純化していってしまえば、日本史上の神判（神明裁判）の歴史は、室町時代の一〇〇年間に湯起請というかたちで大流行を見せ、その後、それと入れ替わるように、より過激な鉄火裁判が戦国から江戸初期に小流行を見せ、その後はぱたりと流行はやむという傾向を見せるようだ（四九頁、図参照）。なぜそうした特定の時期にだけ突出して神判が出現するのだろうか？　また、時代が進むごとに湯起請から鉄火裁判へと、神判がより過激なものへとエスカレートしてゆくのはなぜなのだろうか？　謎は尽きない。

しかも当時において、これらの神判は決して珍奇な習俗だったわけではなく、さきに紹介した二つの事例からも明らかなように、立派な「真実」究明のための一方策と考えられていたようなのだ。だから、こうした神判について考えることは、とりもなおさずこの時代の裁判制度を明らかにすることに他ならないし、この問題を抜きにしてこの時代の裁判のあり方を語ることは空疎であるとすら私には思えるのである。また、このことを考えることは、中世を生きた人々の心性、とくに当時の人々が「真実」や「神」というものをどのようなものとして考えていたか、を明らかにすることにも、きっとつながるはずだろう。本書では、私が収集した熱湯裁判や鉄火裁判の興味深い実例を時代を追って具体的に紹介しながら、中世社会の独特な裁判のあり方と、そうした中世人の複雑な思考様式について、できるだけわかりやすく解説してゆきたいと思う。

以下、主に鎌倉時代から室町・戦国時代を経て江戸初期まで、四〇〇年あまりにおよぶ日本中世の奇想天外な神判の歴史を一緒に体感していただきたい。

目次

第一章　参籠起請——鎌倉時代の神判——

1　古代日本の神判

熱湯と蛇

有罪・無罪の判定を「神」に問う神判という行為自体は、世界の諸地域で古くから確認されるものだった。わが国においても神判の歴史はきわめて古い。遣隋使《けんずいし》の記述があることで有名な中国の史書『隋書倭国伝《ずいしょわこくでん》』のなかにも、七世紀の日本の刑罰の実態が次のように紹介されている。

あるいは小石を沸湯《ふっとう》の中に置き、競う所の者をしてこれを探らしめ、いう理曲なる者は即ち手爛《ただ》ると。あるいは蛇を瓮中《おうちゅう》に置きてこれを取らしめ、いう曲なる者は即ち手を螫《さ》さると。

当時の日本では、小石を熱湯のなかに置き、争っている者たちにこれを拾わせ、手が爛れた側に過失があると判断していたという。また、釜《かま》のなかに蛇を置き、これを争っている者たちに取らせて、手を噛《か》まれた側に落ち度があると判断していたのだという。いずれも、世界各地で見られた熱湯裁判や毒蛇裁判と同じ形態のものが、当時の日本社会で行われていたことを示している史料といえるだろう。

盟神探湯

もちろん、これは外国人による証言であるが、日本側の史料でも似たような話を確認することはできる。養老《ようろう》四年（七二〇）に完成した『日本書紀』のなかには、さすがに蛇に手を嚙ませるという話はないが、熱湯裁判に関する記述が計三ヶ所も登場する。古代の神判として有名な「盟神探湯《くかたち》」のエピソードである。以下、その具体例を見てみよう。

まず最初の事例は、応神《おうじん》天皇の即位後九年（五世紀前半頃）、武内宿禰《たけしうちのすくね》と、その弟の甘美内宿禰《うましうちのすくね》のあいだで行われた熱湯裁判である。それは、これ以前から兄武内宿禰の失脚を企てていた甘美内宿禰が、筑紫《つくし》に滞在している兄の留守をねらって、兄が謀叛《むほん》を企てていると天皇に讒言《ざんげん》したことからはじまる。これを聞き、天皇は一度は武内の処刑を思い立つ。しかし、武内もすぐに大和《やまと》に帰り、天皇に自分の無実を訴え出る。はたして武内のいうことと、甘美内のいうことのどちらが真実か。両者を糺問《きゅうもん》してみても、真相はよくわからない。そこで応神天皇が思いついたのが、二人に「探湯」を命じるというものだった。これにより二人は磯《し》城《き》川のほとりで「探湯」を行うことになる。結果、武内宿禰がこれに勝利し、その場で彼は弟の甘美内を打ち倒し、ついに無念を晴らす、というストーリーである。

『日本書紀』のなかでも武内宿禰はとりわけ伝説的な忠臣として描かれており、この話も甘美内宿禰の讒言を「探湯」によって斥《しりぞ》けたという勧善懲悪のストーリーになっている。ここでの熱湯裁判は、正しい者の窮地を救い、真実を明らかにするための重要な役割を果たしているといえるだろう。

もうひとつの話は、允恭《いんぎよう》天皇の即位後四年（五世紀中頃）、允恭天皇によって実施された氏《し》姓《せい》再確認事業での熱湯裁判である。当時は世情が紊乱《びんらん》して本来の氏《うじ》・姓《かばね》（家柄や地位）の原則が崩れてしまい、人々が本来の姓を失ったり、また逆に本来ならありえない氏を詐称する者が現れたりしていた。そこで天皇はそれぞれの名乗る氏姓が正しいか否かを確認するため、人々に「沐浴斎戒《もくよくさいかい》」して「盟神探湯」をすることを命じ、甘樫丘《あまかしのおか》に「探湯瓮《くかへ》」（熱湯裁判用の釜）を据え、熱湯裁判を実施したのである。すると、氏姓を正直に申告していた者は何ら火傷は負わず、ウソをついていた者はたちまち火傷をしてしまったという。そのため、氏姓を偽っていた者はみな怖気《おじけ》づいてしまい、以後、氏姓の乱れはなくなり、天下の秩序はおのずから定まったという。同様の話は『古事記』にも確認することができ、ここでも熱湯裁判は允恭天皇の英知を讃えるという文脈のなかで、真実究明のための有効な方策として位置づけられている。

もちろん応神天皇（第一五代）も允恭天皇（第一九代）もほとんど伝説上の人物であり、ここに紹介した『日本書紀』のエピソードもすべて史実であると考えることはできない。ただ、さきに紹介した「隋書倭国伝」の内容と一致することから考えても、古代の日本社会にたしかに熱湯裁判が行われており、これらのエピソードもそうした当時の社会実態を反映して生まれたものと考えることは可能だろう。

盟神探湯神事（奈良県明日香村、甘樫坐神社）

なお、允恭天皇のエピソードでは、「盟神探湯」を「これをば区訶陀智《くかたち》といふ。あるいは泥を釜に納《い》れて煮沸して、手を攘《かきはつ》りて湯の泥を探る。あるいは斧を火の色に焼きて、掌《たなうら》に置く」と説明している。ここから「盟神探湯」をクカタチと読むことが判明するのだが、同時に当時の盟神探湯では、手を入れるのは熱湯ではなく熱した泥水であり、ときには熱した斧を握る鉄火裁判の場合もありえたことがうかがえる。あるいは本来の盟神探湯は、後世の湯起請とはかなり形式の異なるものだったのかもしれない。

余談だが、允恭天皇の盟神探湯の舞台となった飛鳥《あすか》の甘樫丘の麓《ふもと》の甘樫坐《あまかしにいます》神社では、近年になって盟神探湯の神事が復元され、毎年四月の第一日曜日に実際に盟神探湯が行われている（写真参照）。神事の当日には境内の「立石《たていし》」とよばれる石の前に湯釜が据えられ、飛鳥時代風の衣裳をまとった氏子たちにより寸劇を交えた盟神探湯が再現される。ただ、実際に熱湯に手を入れるわけにはいかないので、この神事ではかわりに熊笹《くまざさ》の葉を湯釜に入れ、笹の色が変わらなければウソをついていない、ということにされている。古代の盟神探湯の雰囲気を体験してみたいという方は、一度足を運んでみてはいかがだろうか。

近江毛野臣の悪政

ところで、さきに『日本書紀』には三つの熱湯裁判のエピソードが描かれていると述べたが、残るひとつのエピソードの内容は、これまでの二つとは少し趣きが異なっている。

継体《けいたい》天皇の即位後二四年（西暦五三〇年）、朝鮮半島に派遣されていた近江毛野臣《おうみけなのおみ》の朝鮮半島（任那《みまな》）での悪政が大和朝廷に報告されている。それによれば、当時の朝鮮半島では日本人と任那人の混血がすすみ、生まれた子供がどちらの民族に属するかをめぐって紛争が多発していた。そのとき近江毛野臣は、最初から十分な審理を行うことなく、むしろ好んで「誓湯《うけいゆ》」を用意して、「実《まこと》ならむ者は爛《ただ》れず。虚《いつわり》あらむ者は必ず爛れむ」と称し、紛争解決策として積極的に熱湯裁判を多用していたのだという。そのため重傷の火傷を負い、命を落とす者も数多かったという。この報告を聞いた継体天皇は事態を憂慮し、すぐに近江毛野臣に召還命令を出している。

一読して明らかなように、ここでは熱湯裁判は一転して悪政の代表例として扱われてしまっている。これまでの二つのエピソードでは、熱湯裁判は真実の糺明のための有効策と位置づけられ、それを発案した二人の天皇の決断は賞賛すらされていた。しかし、ここでは熱湯裁判は迷信じみた怪しげな裁判で、これを多用する近江毛野臣は相当に問題のある地方官として描かれている。しかし、よくよく考えてみると、当人の家柄を調べるために熱湯裁判を利用するという点では、允恭天皇も近江毛野臣も行ったことは同じである。なのに一方は賞賛され、一方は非難される。この相違は何に由来するのだろうか。あるいは、応神・允恭天皇の時代から継体天皇の時代へと移り変わるなかで熱湯裁判に対する意識変化が起きたのだろうか？　あるいは、一方は天皇であるのに対して、一方は一豪族であることから、同じ行為でも『日本書紀』の評価が変化してしまうのだろうか？　はたまた、近江毛野臣は十分な審理を行わず熱湯裁判を多用しているので、その点が非難されたのだろうか？

私は古代史研究や『日本書紀』の史料的性格についての議論にはまったく疎いので、この問題をどう考えるべきなのか、詳しいことはよくわからない。ただ、確実にいえそうなのは、少なくとも『日本書紀』が編纂された奈良時代の段階から、すでに熱湯裁判が真実糺明の方策として無条件に許容されていたわけではなかった、ということだろう。つまり、熱湯裁判については、すでに古代社会において、それを高く評価する言説とともに、それを懐疑的な目で見る言説の、二つの相反する言説が共存していたのである。この事実は、これから先、中世社会の神判を考えるうえでもきわめて重要な事実である。

神判を見る視座

そもそも日本の中世・近世史研究で神判に注目が集まるようになったのは、さほど古いことではない。もちろん法制史研究を中心に戦前から神判についての先駆的な優れた業績は存在してはいたが、それらはごく少数にとどまるものだった。現在、明らかにされている神判についての具体的な研究成果は、ほとんどが一九八〇年代に入ってから現れたものばかりといっていいだろう。

この時期、日本史研究に〝社会史〟とよばれる新たな研究潮流が生まれ、これまで見過ごされてきた、現代人には理解不能な当時の人々の不可思議な生態や習俗に急速に関心が集まるようになった。私は、そうした研究潮流が生まれた背景には、この時期、近代社会が〝常識〟としてきた科学技術や社会発展の神話が崩壊し、多くの人々が近代の〝常識〟とされてきた様々な事柄に疑問を感じはじめたことがある、と考えている。そうしたなかで中世・近世社会の非近代的な要素に一気に注目が寄せられるようになったのである。神判に関する研究も、そうした問題関心に後押しされて、この時期に次々と現れるようになる。

しかし、いまから見れば、この時期の〝社会史〟研究によって生み出された神判研究のいくつかについては、個人的には疑問を感じる部分も少なくない。たとえば、そのうち私が最も違和感を感じるのは、中世人の呪術《じゅじゅつ》観念や信仰心に対する評価である。八〇年代に現れた多くの〝社会史〟研究は、中世社会の非近代的な側面を強調しようとしすぎるあまり、中世の人々の呪術観念や信仰心を実態以上に強調してきたきらいがある。それは直接には中世の神判の評価についてもいえるだろう。もちろん、中世に生きる人々の行う神判を「狂信的」であるとか「非合理的」であるといったレッテルを貼って、近代的な価値観から軽蔑《けいべつ》したり断罪したりすることは、論外である。ただ、それと同様に現代社会との相違点にばかり注目して、その特異な側面や非近代的な側面のみを強調し、中世人が呪術や宗教一辺倒であったかのように描いてしまうのには、あまり賛同できない。

現にさきの近江毛野臣のエピソードからもわかるように、神判については、すでに古代社会においてもそれが真実糺明法として問題があるという理解は存在していたのである。まして中世社会において、すべての中世人が神判を無限定に信奉していたと考えるのは危険なのではないだろうか。その意味で、本書では中世人の心性を必要以上に宗教のベールに包むことなく、神判を通して現れる彼らなりの合理性を探求してみたいと考えている。

2　鎌倉時代の参籠起請

悪魔の証明

日本中世の神判としては、とくに本書が主題とする湯起請（熱湯裁判）や鉄火起請（熱鉄裁判）が有名だが、すでに冒頭で述べたように、湯起請は室町時代（一五世紀）に集中的に出現し、鉄火起請は戦国から江戸初期（一六～一七世紀）に集中的に確認される現象である。では、さきに述べた古代の盟神探湯と室町時代の湯起請はどういう関係にあるのだろうか？熱湯に手を入れて真偽を判定するというスタイル自体は両者酷似しており、当然、気になるところである。しかし、この両者の関係をどう評価するかについては、研究者のあいだでもまだ定説を見ていない。

とはいえ、現在比較的有力なのは、両者はそもそも何の関連もない、両者は系譜的にも断絶している、とする見解である。これを、とりあえず「断絶説」とよぶことにしよう。断絶説の最大の根拠は、養老四年（七二〇）に成立した『日本書紀』の記述の後、史書のうえでは熱湯裁判の記述は絶えてなくなり、じつに七〇〇年近くを経過した室町時代の応永《おうえい》一一年

（一四〇四）の湯起請史料の出現まで、熱湯裁判の史料は一切確認されないという事実である（なお、私の知るかぎり、湯起請の初見史料は福井県丹生《にう》郡越前《えちぜん》町小樟《このぎ》の小樟区有文書であるが、この史料には『福井県史』が信憑《しんぴょう》性に疑問符をつけており、これが怪しい場合、『教言卿記《のりときききょうき》』の応永一三年七月一四日条が初見史料となる）。

しかしこれに対して、盟神探湯と湯起請は連続しているという「連続説」の立場からは、当然、次のような反論が予想される。史料に残されている「事実」が、事実のすべてではない。あるいは「史料がない」からといって「その事実がなかった」ということにはならない。つまり、神判のような土俗的な習俗の場合、表向きの記録や文書には書き残されない可能性は十分にあるのである。史料には書き記されなかっただけで、この七〇〇年の間、案外、広く一般に熱湯裁判は行われていたのかもしれないのだ。

これに対する反論はきわめて難しい。なぜなら、自然科学・社会科学を問わず、「なかった」ということを証明するのは「あった」ということを証明することよりもはるかに難事だからである。「あった」ということを証明するのなら、たまたま見つけたひとつの史料でも提示すれば、それで済んでしまう。ところが、特定の時期に特定の事実なり現象が「なかった」とするのは、その時期の史料すべてを博捜したうえでこそ初めて断言できることなのである。また、今回の盟神探湯と湯起請の問題のように、現在、残されている史料が当時の社会に生起した現象のすべてを伝えているとはかぎらないという場合、「なかった」ことを証明することは、事実上不可能となってしまう。ために科学者は、「なかった」ということを証明すること、それ自体を「悪魔の証明」とよぶのだそうだ。

この盟神探湯と湯起請の関係については、人類学では連続説を唱える研究者が多いようだが、多くの中世史研究者は感覚的に断絶説を支持しており、表立って連続説を唱える研究者はほとんどいない。だが、なお連続説を一蹴《いっしゅう》するにいたっていない背景には、「あった」か「なかった」かを問う、この議論自体に由来する難しさがあるといえる。

七〇〇年の空白

とはいえ、断絶説に有利な状況証拠は数多く、私自身も、おそらく盟神探湯と湯起請はまったく別物だったのではないかと考えている。たとえば、もしかりに熱湯裁判が公的な史書に痕跡《こんせき》をとどめない性格のものだったとしても、この七〇〇年の間には『日本霊異記《にほんりょういき》』や『今昔物語集《こんじゃくものがたりしゅう》』をはじめとして、庶民生活を活写した説話集が数多く存在する。にもかかわらず、それらのどこにも熱湯裁判の話が出てこないのは、きわめて不自然なことといわざるをえない。

私の知るかぎりでも、一一世紀末〜一二世紀初めに成立したと考えられている『扶桑略《ふそうりやつ》記《き》』や、一二世紀末に成立した『水鏡《みずかがみ》』に、奈良時代の女帝、称徳《しょうとく》天皇が行ったとされる神判の伝説が記載されているのが、ほとんど唯一の例である。それによれば、当時、天皇が西大寺《さいだいじ》に安置するための金銅四天王像を職人たちに鋳造させていたところ、最後の一躰だけが、どうにもうまく出来あがらなかった。さらに七度まで失敗しても鋳あがらないでいると、これを知った天皇は、どうも自分が女の身であることに原因があるのではないかと悩んでしまったらしい。そこで彼女はひとつの誓いを立てた。「もし私が仏徳により女の身を捨てて仏になることができますならば、煮えたぎる銅の湯のなかに手を入れます。もしこの願いが叶《かな》わないならば、どうぞ私の手を焼け損じさせてください」。そう誓うと、天皇はためらいもなく手を銅の湯のなかに入れた。すると、彼女の手には何の火傷もなく、ついでに四天王像の最後の一躰もあっさりと完成してしまったという。これを見る者、聞く者は、みな天皇の篤《あつ》い信仰心に感嘆したという。

しいていえば、これが、その間の七〇〇年間に確認される数少ない熱湯裁判類似の事例であるが、もとよりこれは物語のうえでの虚構《フィクション》である。また、実際に熱湯ではなく熱銅液であるという点も、いかにも物語的な荒唐無稽《こうとうむけい》の設定といわざるをえない。そして、何よりこれは「裁判」ではない。やはり、七〇〇年の空白を埋めるには無理があるようだ。

中世の誓約の作法

盟神探湯と湯起請の問題を「あった」か、「なかった」か、という不毛な議論に陥らせないようにするためには、もうひとつ、両者の性格の相違に注目するというのも有効な方法である。たとえば、さきに述べたように、古代の盟神探湯にはあえて泥湯が使われ、さらに鉄火裁判のような形式のものまでが盟神探湯とよばれていたらしく、室町期の湯起請とは微妙に実体が異なっていたことがわかる。また、そのほかにも盟神探湯と湯起請の性格の違いを物語るものとして、「起請文《きしょうもん》を書く」という行為の有無という点も見逃せない。

そもそも中世の人々は何かを誓約するとき、よく起請文とよばれる一種の誓約書を書く。ただ、これはたんなる誓約書ではなく、誓約事項を記した末尾に、たとえば「違犯せしめば、梵天《ぼんてん》・帝釈《たいしゃく》・四大天王、惣じて日本国中六十余州の大小神祇《じんぎ》、別して伊豆《いず》・箱根《はこね》両所権現《ごんげん》、三嶋《みしま》大明神・八幡大菩薩《はちまんだいぼさつ》・天満大自在天神《てんまんだいじざいてんじん》の部類眷属《けんぞく》の神罰・冥罰《みょうばつ》をおのおの罷《まか》り蒙《こうむ》るべきなり」(「御成敗式目《ごせいばいしきもく》」の末尾の一文)というような、誓約内容に違犯した場合に自身に数多の神罰・仏罰が当たっても構わないという趣旨の文言が必ず書き加えられることになっていた(これを罰文《ばつぶん》という)。つまり、当時の人々にとって、この起請文に記載した誓約内容を裏切るということは、たんなる他者への契約不履行という問題以上に、その罰文に書かれた神仏を裏切る、という宗教的な背徳行為を意味したのである。

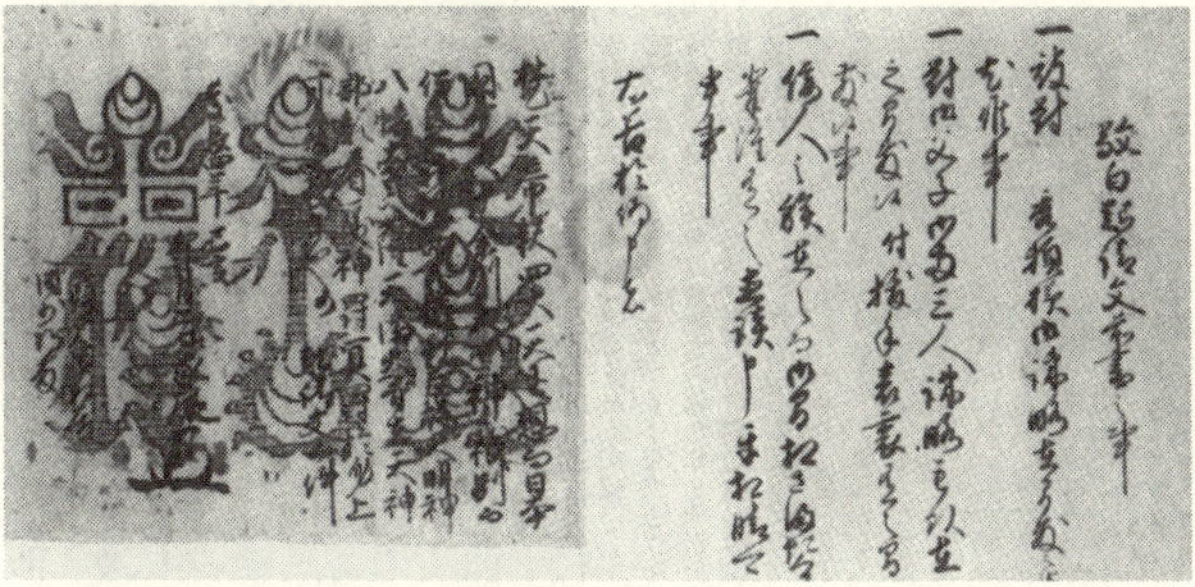

「慶長4年4月2日付　徳川家康起請文」（東京大学史料編纂所所蔵「島津家文書」）　関ヶ原合戦の前年、家康が島津氏に宛てて信義を誓った起請文。三ヶ条におよぶ本文（前書〔まえがき〕とよぶ）は普通の白紙に書かれているが、神仏の名前を列挙した後半部分（神文〔しんもん〕・罰文〔ばつぶん〕とよぶ）は牛玉宝印を裏返した紙に書かれている。戦国期以降の牛玉宝印には、熊野の神使である三本足のカラス（八咫烏）によって「熊野山寶印」の文字が表され、印刷されている。写真の牛玉宝印は熊野速玉大社（新宮）のもの

そして、その効果を高めるために、起請文はあえて神社や寺院の護符（お守りのお札紙）の裏に書かれたり、あるいは誓約文書の続きに裏返しにした護符が貼り接がれたりした。このとき使われる最も代表的な護符が、熊野大社の牛玉宝印とよばれるものである（図版参照）。この時代、誓約内容に違犯すれば、たちどころに神仏の罰が当たるという起請文の誓約様式は、それなりに強い心理的強制力をもっていたはずである。

　とりわけ、このような起請文という誓約様式は、ほぼ一二世紀頃（平安末から鎌倉初期）に誕生したと考えられている。まさに起請文は、神仏とともに

に生きた時代である「中世」という時代に特有の誓約様式だったのである。そして湯起請とは、その名のとおり起請文を書いて神仏に宣誓をした後に熱湯に手を入れるという手続きを踏むものだった。当時の史料のなかには湯起請を行うことを「湯起請を書く」（『看聞日記《かんもんにっき》』『内宮引付《ないくうひきつけ》』『ロドリゲス日本大文典』）と表現しているものや、湯起請のことを「湯起請文」（『東寺《とうじ》廿一口供僧《にじゅういつくぐそう》方評定引付《かたひょうじょうひきつけ》』）と表現しているものもある。こうしたことから、おそらく当時の価値観からすれば、湯起請の一連の手続きのうち「起請文を書く」ことと「熱湯に手を入れる」こととでは、前者のほうにより大きな意味が置かれていたと考えられる。つまり、湯起請はあくまで「起請文を書く」という中世的な誓約様式から派生した行為だといえるのである。この点に湯起請と盟神探湯との決定的な相違があるといえるだろう。ここから、中世的な宗教思想を背景にしているか否かという根本的な点で、両者はまさに似て非なるものだったということになる。

鎌倉時代の神判

さらにいえば、私が古代の盟神探湯と室町期の湯起請が別物であると考える理由のひとつとして、その間の鎌倉時代（一三〜一四世紀）には、それらいずれとも異なる参籠《さんろう》起請とよばれる神判が存在しており、それが事実上、盟神探湯や湯起請にかわる神判の役割を果たしていた、ということがある。つまり、参籠起請があるかぎり、鎌倉時代には盟神探湯にも湯起請にも出る幕はなかったはずなのである。

鎌倉幕府は、裁判で有罪か無罪か判断しかねる案件や、双方の主張が真っ向から対立し、どちらが真実であるか容易に究明できない場合、彼らに自身の主張にウソ・偽りがないと宣誓する起請文を書かせ、その後、宣誓者を一定期間、神社の社殿に参籠（お籠《こ》もり）させて（この場合の神社は、鎌倉では鶴岡《つるがおか》八幡宮、京都では北野《きたの》天満宮と決められていた）、その間に彼らの身体や家族に異変が現れないかどうかを監視した。これが「参籠起請」である。つまり、起請文の内容に違犯している者には神罰・仏罰が当たり、必ず自身の身体や家族に異変が生ずるはずだと考え、それを判決の拠《よ》り所にしようとしたのである（このときの異変のことを「失《しつ》」とよぶ）。

しかし、ちょっと考えればわかることだが、何をもって変調と認定するのか、というのは、なかなか難しい問題だった。そこで文暦《ぶんりやく》二年（一二三五）閏《うるう》六月、鎌倉幕府は参籠起請に関して、次のような変わった法を定めている（追加法七三条）。少し長いが全文を引用しよう（丸数字は清水による）。

定

起請文の失《しつ》条々

①一、鼻血出づる事。

②一、起請文を書くの後、病の事。〈ただし、本《もと》の病を除く〉

③一、鵄《とび》・烏《からす》尿を懸くる事。

④一、鼠《ねずみ》のために衣裳を喰《く》はるる事。

⑤一、身中より下血《げけつ》せしむる事。〈ただし、楊枝《ようじ》を用ひる時、ならびに月水《げっすい》の女、および痔病《じびょう》を除く〉

⑥一、重軽服《じゅうきょうぶく》の事。

⑦一、父子の罪科出来《しゅったい》の事。

⑧一、飲食の時、咽《むせ》ぶ事。〈ただし、背を打たるる程をもつて、失と定むべし〉

⑨一、乗用の馬斃《たお》るる事。

右、起請文を書くの間、七箇日中その失なくば、いま七箇日を延ばし、社頭に参籠せしむべし。もし二七《にしち》箇日（二×七ヶ日＝一四日間）なほ失なくば、惣道《そうどう》の理につきて御成敗あるべきの状、仰せによつて定むる所件《くだん》のごとし。

文暦二年閏六月廿八日

右衛門大志《たいし》清原季氏《きよはらのすえうじ》

左衛門少尉《しょうじょう》藤原行泰《ふじわらのゆきやす》

図書少允《ずしょのしょうじょう》藤原清時《きよとき》

この①～⑨は、鎌倉幕府が公式に定めた参籠起請の際に「失」とされる要件の一覧である。被疑者や相論当事者は起請文を書いた後に、社殿に七日間、事実上監禁状態に置かれ、その間に①～⑨に該当する事柄が身辺に起きないかどうか幕府の役人によって監視されたのである。そして、七日の間に変調が確認できなければ、さらに七日間監禁は延長された。それでも変調が確認できない場合は「惣道の理」、つまり当時の一般常識に基づく処置を取るように、との規定がなされているが、実際、この後に紹介する実例を見てみても、多くの参籠起請は最初の七日間で白か黒かの決着がつけられていたようだ。

そこでは、たとえば参籠中に本人が病気に罹《かか》る（②）などはもちろんのこと、参籠中に鼻血を出したり（①）、そのほか身体から出血した場合（⑤）や、トンビやカラスに尿をかけられた（③）、あるいはネズミに衣裳をかじられた（④）、果ては飲食の際にむせった（⑧）ということまでが「失」の要件とされた。また、本人に関わらないところでは、監禁中に重軽服（⑥）、つまり身内に不幸があった、あるいは父親や子供が犯罪を犯した（⑦）、あるいは、ふだん乗っている馬が死んだ（⑨）、ということなども「失」の要件となった。こんなことで主張の真偽を断定されたのではかなわないが、これらが当時、鎌倉幕府によって「失」とされた要件であった。

しかし、これらの規定を鎌倉幕府が決していい加減な思いつきで定めたわけではない証拠に、条文のなかにはやたらと細かい但し書きが付けられている。たとえば、②の「本人が参籠中に発病した場合」という規定の続きには「ただし、もとの病は除く」と注記され、それが本人のもともとの持病が再発した場合ならば、これを「失」とは判断しない、としている。また、⑧の「飲食の時、咽ぶ事」という規定の続きには、「ただし、背を打たるる程をもって、失と定むべし」として、ただ飲食時にむせっただけで「失」にされてはさすがにかなわないので、周囲の者たちから背中を叩かれるほどの場合にのみ「失」とする、と定めている。あるいは、⑤の「身体から出血した場合」という規定の続きには、「ただし、楊枝を用ひる時、ならびに月水の女、および痔病を除く」と記している。つまり、食後に使った楊枝で誤って歯ぐきから血を流してしまった場合は「失」とはしない。また、女性の「月水」（月経の際の出血）も、これを「失」とはしない。あるいは、痔を患っている者がそれをこじらせて出血した場合も、これを「失」とはしない、というわけだ。

中世の「糞」

それにしても、この法令を起草した鎌倉幕府の法曹官僚が真面目《まじめ》な顔をして、「女性の月水の場合はどうする？」「いや、もともと痔だった者が出血した場合は『失』とするわけにはいかないぞ」、「少しぐらいむせるだけなら『失』とすることもないだろう」などと侃々《かんかん》諤々《がくがく》の議論をしていたかと思うと、かなり滑稽《こっけい》ではある。しかし、当事者たちはそれなりに当時の〝常識〟を踏まえて、これらの基準を真剣に定めていたらしい。

たとえば、かの武田信玄《たけだしんげん》は天文《てんぶん》一三年（一五四四）、信濃《しなの》国の荒神山《こうじんやま》に出陣する際、礼拝場で乗馬が鼻血を出すというアクシデントに見舞われている（『高白斎記《こうはくさいき》』）。そのとき、周囲の者たちは不吉なことが起こるのではと、ずいぶん心配している。現代の私たちならば、せいぜい馬の体調を心配するぐらいのことだろうが、そうはいかないのが中世の人々だった。

鎌倉時代に成立した説話集『宇治拾遺物語《うじしゅうい》』二六話には、伝説的陰陽師《おんみょうじ》の安倍晴明《あべのせいめい》が蔵人《くろうどの》少将《しょうしょう》の死期を予言するという話が載っている。この話で、安倍晴明がまだ「若く花やかなる」蔵人少将の余命が短いことを悟るきっかけが、「鳥の飛びて通りけるが、ゑどをしかけける」、つまり蔵人少将の頭上を通るカラスが「ゑど」（糞《ふん》）を落としていったという事態であった。また、古代社会の国津罪《くにつつみ》（禁忌《タブー》）のひとつにも「高津鳥《たかつとり》の災」というものがあり、これは空飛ぶ鳥の落とす餌《えさ》や糞などを浴びることを意味し、日本社会では古くから鳥の糞に当たることを不吉なことと忌み嫌っていたことがわかる。

現代でも突然鼻血が出たり、カラスに糞をかけられるようなことがあれば、誰でも決していい気分にはならない。まして、これから重要な仕事や試験などがある日に鳥に糞をかけられるようなことがあれば、多くの人は「ケチ」がついた、と不吉に感じることだろう。こうした私たちの実感を踏まえても、これらのことに現代人以上に過敏な古代・中世の人々がそれをとてつもなく不吉なものと考え、必要以上に警戒していたとしても何ら不思議はない。ただでさえ犯罪の容疑が濃厚な者が起請文で無罪を誓った途端にトビやカラスの糞の直撃を受ける(しかも、参籠は基本的に室内で行うわけだから、鳥に糞をかけられる機会はきわめて稀《まれ》なものだっただろう)。当時の感覚からすれば、それはほとんど「有罪」が立証されたのと同義だったようである。

中世人の触穢観

そもそも古代・中世の人々はケガレというものを何よりも恐れていたが、様々なケガレがあるなかでも、人の死に接したことで生じる「死穢《しえ》」を何より恐れていた。この「死穢」に対するタブーは、現代の社会にも通夜や葬式からの帰りに塩を撒《ま》いて「お清め」をするという風習として残存しているので、よく知られているところだろう。さきの鎌倉幕府法のなかの⑥で「重軽服の事」、⑨で「乗用の馬斃るる事」、つまり身内や愛馬の死没が「失」の要件とされているのも、この「死穢」を忌避する観念からきたものである。

そして「死穢」についで、当時、忌避されたものに血液のケガレ、「血穢《けつえ》」があった。当時の社会にあって、血液というものはケガレの最たるものであり、これがさきの鎌倉幕府法のなかの「失」の要件に①「鼻血出づる事」や⑤「身中より下血せしむる事」といった項目が加えられた背景であった。当時の感覚ならば、起請文を書いた後に理由もなく「鼻血」を流したり、「下血」するなどは、身をもって「有罪」を証明していること以外の何ものでもなかったのだろう。また、このような血液を忌避する観念が、当時の社会にあっては、屠殺《とさつ》を業とすることで「血」と近しい関係にある人々（猟師・漁師・皮革業者）に対する差別意識や、出産や月経などで「血」と不可分の関係にある性である女性に対する差別意識を生み出していった。

この幕府法に定められた「失」の要件のほとんどは、こうした古代・中世社会に共有された「死穢」や「血穢」を忌避する観念に由来するものだったのである。

グレーゾーン

ただし、参籠起請を行っているのは、ひとり鎌倉幕府だけではなかった。まだ鎌倉幕府の成立以前の大治《だいじ》三年（一一二八）六月、豊前《ぶぜん》国の宇佐《うさ》八幡宮（現在の大分県宇佐市）で、大神《おおがみの》末貞《すえさだ》と珍友成《ちんのともなり》という二人の訴訟に対して「神判」が行われている（「小山田文書」）。この訴訟は、八幡宮の門前の田二段と畑一段という狭小な土地をめぐる争いだったが、これ以前に訴訟はこじれにこじれて二〇年以上にもおよんでいた。また、これは双方が係争地について明確な証拠となる書類をもっておらず、互いに耕作事実のみを論拠として争っているという典型的な泥沼裁判だった。そこで八幡宮が主導して彼らに「神判祭文《しんぱんさいもん》」（実質上の起請文）を提出させることになったのである。

それから約九ヶ月後の大治四年三月、一方の当事者である友成は末貞側の「失」を五ヶ条にわたって列挙して、ついに八幡宮に裁決を求めた。このときに友成が掲げた「失」とは、この九ヶ月の間に①末貞の舅《しゅうと》の死去、②末貞家が窃盗に遭い、家財をことごとく盗まれたこと、③末貞の乗馬が死去、④末貞の兄の子の死去、⑤末貞の甥《おい》の子が死去、というものであった。もちろん、これに末貞側も黙ってはいなかった。これらの個々の点について、末貞は巧妙な反論を展開している。たとえば、②盗難や③乗馬死去については友成にも同様のことが起きている。また①や④など末貞親族の死去を指摘する友成の主張には「神判祭文」提出以前の「旧病」による死去の事例も含まれている。さらには末貞と友成は親族であるから、⑤の末貞の親族の死去は友成にとっても「失」となるはずである、といった具合である。けっきょく両者の争いに対する八幡宮の判決は、末貞の反論にもかかわらず、様々な要素も加わって友成側に軍配があがる。しかし、この後も納得しない両者は争いを継続し、この泥仕合はさらに二人の次の世代へと受け継がれてゆくことになる。

このように、当時の社会では鎌倉幕府にかぎらず、宇佐八幡宮のような一地方神社の裁判においても神判は実施されていたのである。しかも「失」の要件として乗馬の死去や親族の死去などを掲げるあたりや、「旧病」は「失」の要件としないとしているところなどは、幕府法にもよく似ている。ただ、それでもよく注意してみると、②盗難や⑤甥の子の死去なども「失」の要件としているあたりが、鎌倉幕府法とは少し異なるようだ。また、「神判祭文」の提出から判決までが九ヶ月におよぶというあたりも、この神判が鎌倉幕府が行ったような一定の場所に監禁される参籠起請とはだいぶ異なる形式のものであったことをうかがわせる。

このほか、説話集『古今著聞集《ここんちょもんじゅう》』のなかには、平安末期の鳥羽《とば》法皇の時代、待賢門院璋子《たいけんもんいんしょうし》の御所から御衣が紛失したことをめぐって、京都で参籠起請が行われたことが記されている（一七七話）。このとき窃盗の疑いをかけられた小大進《こだいしん》という女房は、やはり同様に「祭文」（事実上の起請文）を書き、北野天満宮に参籠している。しかし、参籠三日目にして、彼女は神前に供えてある「神水《じんずい》」を誤ってこぼしてしまう。これを知った、京都の司法警察を担う検非違使《けびいし》は「これにすぎたる失やあるべき！」（これ以上の失があろうか！）と言って、彼女を捕縛しようとしたという。さいわい、この後、彼女の身は北野天神の御加護により救われることになるのだが、この逸話はフィクションとはいえ、平安末期に京都で行われていた参籠起請の実態を彷彿《ほうふつ》させるものがある。

ただ、この事例についても、鎌倉幕府の参籠起請と似ている反面、幕府法のなかには規定のなかった「神水をこぼす」ということが、ここでは最大の「失」と位置づけられている。どうやら「失」の要件は、地域によって、かなりの相違があったようだ。

以上のように、鎌倉時代までには、日本列島各地でそれぞれの土地柄に合った様々な形態の参籠起請が比較的自由に行われていたらしい。当然、土地土地によって「失」の要件も異なり、またそれがゆえに、宇佐八幡の場合でも末貞側から猛烈な反論があったように、何をもって「失」とするか、各地で深刻な見解の相違があったに違いない。鎌倉幕府の役人たちが定めた事細かな「失」の基準は、きっと、こうした多様な中世社会の参籠起請のあり方にひとつの基準をもたらすことを意図したものだったのだろう。

3　参籠起請の悲喜劇

不倫疑惑

では、以上のような鎌倉幕府法に基づいて、実際の神判はどのように行われていたのだろうか。次に、その具体的な裁判の事例を二、三、見てゆくことにしよう。

寛元《かんげん》二年（一二四四）七月、鎌倉幕府の法廷に、御家人の市河高光《いちかわたかみつ》の妻の不倫疑惑にまつわる訴訟が持ち込まれている（『吾妻鏡《あづまかがみ》』）。このときすでに市河とその妻のあいだには離婚が成立していたようだが、離婚後に市河が、結婚中の妻が落合泰宗《おちあいやすむね》という侍と不倫関係にあったということを知ったらしい。そこで、この元夫は元妻を「密通」の罪で訴え、これに対し元妻も反論に立ったため、この裁判がはじまったのだ。

このとき鎌倉幕府は、元妻と、その不倫相手と名指しされた落合泰宗に参籠起請をさせている。彼らは、鎌倉幕府法の取り決めどおり、身の潔白を誓う起請文を書かされたうえ、鎌倉の荏柄《えがら》天神の社壇に七日間の監禁状態に置かれている。しかも幕府は、この参籠起請に対して平寂阿《たいらのじやくあ》と鎌田《かまた》西仏《さいぶつ》という二人の御家人を「御使」とし、それぞれに監視役を命じている。このように現実の参籠起請は、少しの「失」の兆候も見逃さない、かなりの厳戒態勢で行われていたようである。

そして、気になるのは、この不倫裁判の結末である。じつは、幕府の監視役の七日七夜の立ち会いにもかかわらず、けっきょく二人の男女の身辺には「失」とみなされるような変調は確認できなかった。そのため、幕府の裁判は元妻の側を勝訴と決し、裁判のうえでは、この元妻とその不倫相手とされた男の潔白は証明されたのである。ところが、この裁判、背景にもう少し複雑な事情があったようだ。

というのも、この裁判について記した鎌倉幕府の歴史書『吾妻鏡』には、この記事の末尾に、この元夫と元妻のあいだに離婚をきっかけに土地に関するトラブルが起きていたことが記されている。どうも二人のあいだには結婚当初に「もし二人が離婚した場合、妻は夫から信濃国船山《ふなやま》内青沼《あおぬま》村と伊勢《いせ》国光吉名《みつよしみょう》と甲斐《かい》国市河屋敷の土地を譲り受ける」という趣旨の契約状が交わされていたらしいのだ。結婚時に離婚した場合の慰謝料額などを取り決めておくというのは、現代では「訴訟大国」とよばれるアメリカなどによく見られることだが、現代日本ではまだまだ一般的なことではないだろう。ところが、武家女性の法的地位が必ずしも低くなく、また離婚・再婚も珍しくはなかった鎌倉時代には、こうしたことはよく行われることだったらしい。

こうした契約状が存在する以上、当然、元夫の市河は元妻に対して、離婚成立後すみやかに該当する土地を譲り渡さなければならなかった。しかし元夫は、ここで突如として不倫裁判を起こしたのである。元妻と男のあいだに実際に不倫関係があったか否かは当時もいまも「藪《やぶ》の中」だが、こうした経緯を知る者ならば、この裁判がたんなる不倫裁判ではないことは察しがつくだろう。おそらく元夫は契約状を交わしておきながら、いざ離婚となると、それらの土地が妻に渡ってしまうのを惜しみ、ここにきて妻の不貞を騒ぎ立てたのではないだろうか。もしそうだとすれば、何とも情けない男ではないか。ただ、この裁判の結末では、さいわいにして元妻の無実が証明されることとなった。当然ながら、契約状のなかに記載された信濃国船山内青沼村以下の土地は、すべてこの後、元妻の側に譲渡されることとなったのである（ただし、甲斐国市河屋敷のみは元妻の死没後、市河家に返還されることになった）。

結婚時に離婚の際の慰謝料を契約する妻もしたたかなら、それが履行される段になって妻の不貞を暴き立てようとする夫もしたたかというべきだろう。当時の裁判史料を読んでゆくと、きれいごとでは片付かない、こうした人間の欲と欲のせめぎ合いに直面することがしばしばある。あるいは読者のなかには、こんなくだらないトラブルで参籠起請とは大袈裟《おおげさ》な、と思われる人もいるかもしれない。しかし、実際のところ、外国史の事例や人類学の報告などを見てみると、神判が実施される機会が最も多いのが、この手の男女間のトラブルなのである。現代の裁判でも男女間のトラブルというのは、土地の取引や権利関係の売買などと違って契約書類や証拠が残りにくいため、しばしば双方が都合のいい主張を展開し、泥沼に陥りやすいとされている。まして二人の男女が恋愛関係にあったのか否かなど、当人同士にしかわからない事柄である（あるいは当人同士にもわからないことかもしれない）。そのため、前近代社会にあっては、男と女の問題はむしろ神判にかけるに相応《ふさわ》しい事柄と考えられていたようだ。男女のあいだの「真実」とは、文字どおり「神のみぞ知る」領域なのである。

月経裁判

そうした神判の性格ゆえに、どうしても話は男と女や、それに類する話になってしまうのは避けられない。次の裁判も、恐縮だが「性」に関わる話である。さきの裁判から五年後の宝治《ほうじ》三年（一二四九）正月、鎌倉幕府は一通の判決文を出している（『鎌倉遺文』七〇三七号）。この判決文は前半部分が欠失しており、現在、原本の所在も不明であるため、詳しい経緯はわからないところが多い。ただ、それでも残された後半部分のみから裁判の経過を復元すると、そもそもの裁判の原因は、ある御家人兄弟のあいだの父親の遺領をめぐる対立にあったようだ。

この二人の兄弟の父親は死に臨んで、息子のひとりである惟久《これひさ》に有利な契状（遺言状）を書き遺したらしい。しかし、もうひとりの息子、惟景《これかげ》は、当然、これに不満を抱き、父親の遺した契状の疑問点を掲げて、幕府に訴訟を起こしたのである。ここで惟景が契状の疑問点としてあげたのは、ひとつには、それが父の自筆ではない、という点。そして、もうひとつは、そこに記された父の花押《かおう》（サイン）も、生前父が使っていたものとは形状が異なる、という点だった。つまり、この契状は父の名を騙《かた》ったまったくの偽文書で、証拠能力はない、というのが惟景の主張だったのである。

これに対し、惟久の反論は以下のようなものだった。まず惟久は、父が死去したときは鎌倉に滞在している最中で、その臨終には自分は立ち会っていない。つまり、偽の契状をでっちあげるような余裕は自分にはなかった。そして、その問題の契状はたしかに父の自筆によるものではなく、乳母であった冷泉女《れいぜいめ》が、臨終の父の遺言を代筆したものだった、というのである。

これにより、裁判では遺言を代筆した冷泉女という乳母の代筆行為の真偽が問われることになった。もとより肝心の父はすでにこの世になく、遺言の場に立ち会ったのが冷泉女ひとりであった以上、彼女の筆録内容が遺言を忠実に表したものであるか否か、もはや誰にもわからない。そのため、ここでも鎌倉幕府はやはり冷泉女に対して参籠起請を課すことにしたのである。彼女は鶴岡八幡宮の若宮でまず起請文を書き、宣誓し、その後、宮内の一隅に監禁され、例によって、その「失」の有無が鶴岡八幡宮の神主たちによって見守られることになった。

そして、七日が過ぎる。しかし、けっきょくその間、彼女の身辺には何の異常も現れることはなかった。ただ、唯一の変事といえば、彼女がこの監禁中に月経を迎えたということだった。ただし、さきの鎌倉幕府法にも明らかなとおり、当時、女性の月経は「失」とは判定されなかった。そのため、彼女は七日目の午前一〇時頃、監禁状態を解かれ、宮中から無事退出していった。

しかし、憤懣《ふんまん》収まらない惟景は、この冷泉女の月経にまでも猜疑《さいぎ》の目を向けた。「月水ではなかったのではないか？」。惟景はすぐに「失」の判定に異議を唱えた。そのため、執拗《しつよう》に食い下がる惟景の前に、幕府も再度、鶴岡八幡宮の神主に参籠起請の判定の確認を求めることになった。この幕府からの迷惑な問い合わせに対し、ご苦労なことに神主たちは冷泉女の月経時の血液を確認することまでしたらしい（どのようにしたのかは不明である）。そのうえで、彼らは最終的に「このうえは月水の事、勿論《もちろん》か」（月経の血液であることは、もうまちがいありません）との回答を幕府に行っている。さきの鎌倉幕府法のあまりに微細な規定に多くの読者は呆《あき》れ、驚いたことだろう。しかし、実際の裁判でも、このように月経か否かが大きな争点となることがままあったようである。かくして、兄弟のあいだで帰属が争われた父の遺領は、冷泉女が筆録した契状の内容が認められ、契状の内容どおり、惟久に相続されることになったのである。

東寺の参籠起請

こうした参籠起請という真偽糾明のシステムは、鎌倉時代にかぎったことではなく、その後の室町時代にまで受け継がれていった。室町時代になると、ほとんどの神判は湯起請で処理されるようになってゆくが、なお鎌倉時代以来の参籠起請も引き続き並行して行われていたのである。

たとえば、応永元年（一三九四）七月、京都の東寺では、救運《きゅううん》という僧の「不清浄」をめぐるスキャンダラスな噂《うわさ》が寺内を駆けめぐっていた（『東寺廿一口供僧方評定引付』）。この「不清浄」とは、直接には僧侶が寺内に女性を招き入れ、性関係をもつことを意味したらしい。またもや男と女の話である。もちろん、僧侶でありながら女性と関係をもつということは大きなタブーである。しかし、この救運の場合、身辺に仕えていた祥仙《しょうせん》という者を去る四月に追い出しており、それを恨みに思った祥仙があちこちで救運の「不清浄」をいふらしてしまったらしいのである。

はたして、救運の「不清浄」は事実なのか。それとも救運に恨みをもつ祥仙が腹立ち紛れにありもしないことを吹聴《ふいちょう》していたのか。ここでもまた、その真偽をめぐって参籠起請が行われることになった。その方法は、東寺の不動堂に寺内すべての僧侶が集まり七日間、読経を捧《ささ》げ、その間、救運自身は西院に参籠し、僧二人がその様子を監視する、というものだった。しかも、参籠の開始にあたっては、救運は牛玉宝印二枚を翻し、その裏にそれぞれ同文の起請文を認《したた》め、不動堂の不動明王像の前でそれぞれに花押（サイン）を記し入れている。そして、二通の起請文のうち一通は不動明王の御前に籠め置き、一通は焼いて灰にし、参籠二日目に、その灰を神水に溶いて自身で呑んでいる。

参籠起請に際して被疑者が起請文を書くというのはすでに述べたところだが、ここで興味深いのは、その起請文はただ書くだけではなく、一通は仏前に籠め置き、一通は灰にしてみずからの体内に取り込んでいる、という点だろう。参籠起請について書き記した史料のなかで、ここまで具体的に起請文の扱いを説明している史料は珍しいが、他に中世の人々が一揆《いっき》を結んだり、何かを誓約したりするときに、起請文の灰を溶かした「神水を呑む」ということは、広く知られている。おそらく、これまで紹介してきた参籠起請の事例も、史料中には書かれていないが、実際には、このときの東寺の事例と同様に、きっと「神水を呑む」という所作がともなっていたのだろう。

いまでも東京巣鴨《すがも》の「とげぬき地蔵」をはじめとして全国の寺社で、仏の御影を描いた小さな紙片のお札を呑むことで、魚のトゲがとれる、あるいは病気が治るといった信仰が伝承されている。焼いた灰を呑む、というと、何かとてもおどろおどろしい狂信的な行為のように思えるかもしれないが、昔から日本人は仏像を目で見、読経を耳で聴き、鼻でお香の匂《にお》いを嗅《か》ぎ、口でお札を呑むなどして、文字どおり五官を駆使して、宗教世界を体感しようとしていたのである。起請文を焼いて呑むという行為も、当時の人々はみずからの誓約内容を身中に取り込むというパフォーマンスを行うことで、何より潔白を証明できたし、逆にそのことで身体に不調が現れれば偽証はまちがいないと確信したのだろう。

さて、そうした儀礼を経て行われた救運の参籠起請では、救運自身、参籠をする前に「これで、もし私の失が確認されなかったなら、噂の出処《でどころ》である祥仙を厳しく罰していただきたい。祥仙が田舎に下っていないというならば、一緒になって無責任に噂を広めた祥仙の兄の覚善《かくぜん》に対して処罰を行っていただきたい」との悲痛な言葉を残しており、寺中の僧侶たちもこれを受け入れ、救運無実の際には兄覚善の処罰を行うことを約束している。そして実際、七日間の参籠起請の結果、救運の身には何の変調も訪れなかった。このため、けっきょく根拠のない噂を広めた罪で、この後、祥仙の兄覚善は寺中から追放されることになっている。

このように、鎌倉幕府の裁判として導入された参籠起請は、そこにとどまらず室町期になっても、東寺などの宗教権門の真偽判別法として受け継がれていたのである。

室町幕府の参籠起請

しかも鎌倉幕府が定めた参籠起請の規定自体、室町幕府の体制下にあっても、しっかりと継承されていたようである。たとえば、室町前期、後小松《ごこまつ》上皇の御所で女房の密通事件が起きているが、ここでもそれに絡んで参籠起請の実施が取り沙汰されている。ことの起こりは応永三一年（一四二四）五月、後小松上皇の愛妾《あいしょう》が他の男の子供を妊娠し、失踪《しっそう》してしまうという珍事にあった。この時期の宮中では、天皇や上皇の権威や主導力が低下してゆくのに比例して、このような密通事件が多発していた。周囲の者が次々と自分を裏切ってゆくなかで、後小松は哀れなほど猜疑心の虜になってしまっていたのである。怒りのあまり我を忘れた後小松は、ついに御所内に出入りするすべての女房と公家たちに起請文を書かせ、交替で三日間、強制的に御所内に詰めさせて、その間に身体に変調が訪れるかどうか監視しようとした（『看聞日記』）。参籠する場所が寺社ではなく御所内なので、これは厳密には参籠起請とはいえないかもしれないが、後小松にしてみれば参籠起請のつもりなのだろう。しかし、それはあまりにヒステリックに過ぎた。しかも、このとき運悪く、公家の四辻季保《よつつじすえやす》が持参してくるはずの起請文を取りまちがえて、あらかじめ用意した案文（下書き）のほうをもってきてしまったのである。これを後小松は見逃さなかった。大事な起請文とその下書きをまちがえるとは、これこそ「失」に他ならぬぞ、とばかりに後小松は怒り狂った。こうなると、もう誰も後小松をとめることはできない。

そこで割って入ったのが、前年に室町将軍を辞して出家していた足利義持《あしかがよしもち》だった。このとき義持は後小松に対して、鎌倉幕府の例の参籠起請に関する規定を引用して、次のようにいった。「起請の『失』については九ヶ条の法があります。しかし、今回の起請文とその下書きを取り違えるということなどは、うっかり勘違いしたという程度のことで、『失』とはされてないのではないでしょうか」。ここで義持がいっている「九ヶ条の法」が、さきの鎌倉幕府法であることはいうまでもない。彼は鎌倉幕府法を引き合いに出して、後小松の暴走を押しとどめようとしたのである。これには後小松も反論することはできず、おとなしく引き下がったという。このように、鎌倉幕府法の規定は、立法から一〇〇年近くが経過した室町前期になっても、なおその効力を持ち続けていたのである。

さて、本章の最初で私は、古代の盟神探湯と室町期の湯起請は連続しているのか、断絶しているのか、という難問を読者に投げかけた。しかし、ここにいたって、その答えは明らかだろう。

天文一七年（一五四八）に成立した辞書『運歩《うんぽ》色葉集《いろはしゅう》』では、『日本書紀』の武内宿禰の盟神探湯のエピソードが紹介され、「湯起請これより始まるなり」と解説されている。ここから、おそらく室町・戦国期にも一部の知識階層の間には、わが国で古代において湯起請類似の熱湯裁判が行われていたことは知られていたことがわかるが、しかし、それはあくまで知識レベルの話にとどまるものだったと思われる。少なくとも、その間の鎌倉期においては神判といえば参籠起請であり、前後の時代で盟神探湯や湯起請が担っていた役割は、これまで見てきたように、ほとんど参籠起請がそれを担っていたのである。その一方で、史料に残らない世界でひそかに熱湯裁判が連綿と行われていたとは、ちょっと考えにくい。やはり盟神探湯と湯起請は断絶しており、両者はまったくの別物であると考えたほうがよさそうである。

参籠起請の限界

ただ、だとすれば、当然、次に現れる疑問として、なぜ湯起請は室町期になって忽然《こつぜん》とその姿を史上に現したのか、ということが問題となってこよう。ここまで見てきただけでも、理非が不分明な男と女の問題などの際には参籠起請を用いるということは当時常識化していたようだし、参籠起請だけでも十分に神判としての役割は果たしていたように思える。それなのに、なぜ当時の人々はより過激な湯起請という裁判方法を生み出してしまったのだろうか。いくつか思いつく要因を述べてみよう。

ここまで読者とともにいくつかの参籠起請の具体事例を見てきたが、じつは、そのほとんどの事例が被疑者の無罪に終わっていることに気づかれただろうか（宇佐八幡宮の事例は九ヶ月におよぶうえ、判決に異なる要素が加味されているので、ここでは検討対象から除く）。カラスに糞をかけられたら「失」、鼻血を流したら「失」と、「失」の規定だらけの幕府法を読むと、これによって当時は次々と冤罪《えんざい》が生み出されていったのではないかと思ってしまうが、実際には、ほとんどの参籠起請は被疑者が無罪になることが圧倒的に多かったようだ。たしかに、考えてみれば、カラスに糞をかけられるのも、鼻血を流すのも、日常的にはそうそうあることではない。その意味で参籠起請は、犯人を捕まえる、あるいは偽りを暴く、というよりも、被疑者の汚名を晴らす、ということのほうに力点が置かれている「優しい」システムだったようだ。その点、湯起請は対照的に火傷する確率も高く、真実であるかどうかはともかく、犯人の逮捕や、偽証の暴露に効果的である「厳しい」方法であったといえそうである。

また、参籠起請の場合、真偽が明らかになるまでに七日間を要するのが一般的である。もし鎌倉幕府法の規定が守られていれば、さらに七日間を要することもあっただろう。それに比べて、湯起請は早ければ一発で真偽が明らかになる。もし明らかにならなかった場合でも、その後の拘束期間は、この後見てゆくように三日間というのが圧倒的である。だとすれば、湯起請と比べたとき、参籠起請というのはずいぶん悠長な真偽判定法であったということになる。

どうも室町時代の人々は、この参籠起請がもっている「優しさ」や悠長さに耐えられなかったようである。人々は参籠起請よりも速決主義的な性格をもっている、より過激な湯起請に急速に心を寄せはじめていたのである。そう考えると、最後に紹介した後小松上皇が御所内で密通に関与した人物を洗い出そうとして「参籠起請」を実施しようとした事例で、その拘束期間が七日間ではなく三日間であった、というのは示唆的である。誰でもいいから早急に犯人を摘発しようという後小松の立場からすれば、参籠起請の七日間は到底待ちきれない時間だった。しかも犯人摘発を強く願う彼の思いは、九ヶ条の「失」の規定が足枷《あしかせ》となって、けっきょく実現されることはなかったのである。ちなみに、あの後、誰にも「失」が確認されなかったことに苛立《いらだ》った後小松は、もう一度、同じメンバーに対して、こんどは期間を七日間に延長したうえで、再度「参籠起請」を行っている。

誰でもいいから犯人を挙げないと、おちおち安心していられない。そんな人々の暗い願望を受け止めたのが、湯起請だったのではないだろうか。次章では、室町時代に出現した、そんな湯起請の実態に迫ってみることにしよう。

第二章　湯起請——室町時代の神判——

1　湯起請の統計学

犯人探し型と紛争解決型

本章では、いよいよ室町時代に隆盛した湯起請の実態を見てゆくことにしよう。まずは、本書の巻末に載せた一覧表をご覧いただきたい。これは、私が現時点で確認することのできた湯起請と鉄火起請に関する史料を一覧表にしたものである（表中には湯起請・鉄火起請が話題にのぼっただけで、実際に執行されていない事例や実際に行われたかどうか不確実な事例も含まれている）。このうち湯起請に関する史料は、九〇点近くにのぼる。ここでは、最初にこのデータに基づいて、当時の湯起請の実態を確認しておこう。

おそらく、ここまで読み進めてきた読者の多くは、素朴な疑問として、湯起請を行った場合、どのぐらいの確率で火傷をするのか、あるいは、湯起請自体、当時、どのぐらいの頻度で行われるものだったのか、といった疑問を感じているのではないだろうか。以下では、そうした疑問にお答えするためにも、この表中のデータを使って湯起請の全容を統計的に明らかにしておきたい。

まず、表中の備考欄に注目してもらいたい。ここではそれぞれの湯起請事例の性格を〇や

□の記号で分類している。湯起請には大きく分けて、盗みなどの刑事的事件の犯人探しのために被疑者に対して行われる犯人探し型のものと、争っている二者の双方に対して湯起請を行わせて白黒を明らかにする紛争解決型の二種類がある。この表では備考欄に、犯人探し型の事例に□印をつけ、紛争解決型の事例に○印をつけている。

さらに犯人探し型湯起請の事例のうち、湯起請の結果、無罪となった事例は□、有罪となった事例は■とした。また、湯起請自体が途中で中止となり、実際には行われなかった場合や、最終的な結果が不明な場合は☒とし、即日には「失」は現れなかったものの後日「失」が明らかとなり有罪になった事例は◩としている。犯人探し型湯起請の場合、複数の被疑者に対して行われる場合もあるので、その場合には湯起請を行った被疑者の数だけ□印を並べた（たとえば、四人の被疑者に湯起請を行い、結果、一人だけ「失」が認められた場合は「□□□■」というかたちで表記する）。

もう一方の紛争解決型湯起請の事例では、どちらか一方にのみ「失」が認められ、有罪・無罪が明確に判定された場合には◐とし、双方に「失」がなかった場合は○、逆に双方とも「失」となった場合は●、結果不明もしくは中止の場合は⊗とした。

以上のような個別事例の性格に注意しながら、表のデータを分類したのが、次の【表1】【表2】である。まず、このうち【表1】から見てゆこう。【表1】は、一覧表中の湯起請に関する史料のうち、実際に湯起請を実施した比率を計算してみたものである。見てのとおり、事例内容が明確に確認できる全八七件の湯起請事例のうち、五四件が犯人探し型湯起請、三三件が紛争解決型湯起請であった。つまりここから、現在内容をたどることのできる湯起請事例のうち、約六割が犯人探し型湯起請で、約四割が紛争解決型湯起請であったことが判明する。

湯起請の実施率

ついで、それぞれの実施率に注目してみよう。【表1】によれば、犯人探し型湯起請の事例のうち本当に湯起請を実施したのはわずか四三パーセント。残りの五七パーセントは、何らかの理由で湯起請の実施にはいたらなかったり、途中で史料が追えなくなってしまう事例である。つまり、当時の社会においても湯起請はそう気軽に行われるものではなく、ひとつの真実究明のための選択肢として議論されることはあっても、実際に採用されるのは四割程度だったのだ。

そして、そうした傾向は、紛争解決型湯起請の場合、より顕著になる。紛争解決型湯起請では、実際に湯起請を行った事例は全体のわずか二七パーセント。事例としては、九件にすぎない。それに対し、実施が確認できなかった事例は七三パーセントまでにおよぶ。紛争解

【表１】湯起請の実施率

	犯人探し型	紛争解決型	計
事例数	54件〔62%〕	33件〔38%〕	87件
実施	23件（43%）	９件（27%）	32件（37%）
不明・中止	31件（57%）	24件（73%）	55件（63%）

※パーセンテージは四捨五入したもの

【表２】湯起請の火傷率

	犯人探し型		紛争解決型	
実施人数	44人		18人（９件）	
	即日有罪	18人（41%）	勝敗決着	５件（56%）
	後日有罪	４人（９%）	双方有罪	２件（22%）
			双方無罪	２件（22%）
有罪合計	22人（50%）		９人（50%）	
無罪合計	22人（50%）		９人（50%）	

※パーセンテージは四捨五入したもの

決型湯起請の場合も、湯起請が話題にされることはあっても、実際にそれを導入するケースはかなり稀であったといえる。というのも、ひとつには、紛争解決型湯起請の事例の場合、紛争の一方の当事者が相手への威嚇の意味から、無茶を承知で湯起請による解決をもちかけるというケースがしばしば見られる。当時の人々のそうした行動の背後にある意識については、また章をあらためて詳しく検討したいと思うが、いずれにしてもこの数値は、室町社会に生きた人々も湯起請についてはそう簡単に行っていたわけではなく、そこにいたるには相当の決意を必要としていたであろうことを想像させる。

湯起請の火傷率

では、そうした決意を経て、現実に湯起請の場に臨んだ場合、その人々にはどのような運命が待ち受けていたのだろうか。一般的に湯起請は、鉄火起請の場合と同じく地域の神社で実施され、被疑者や紛争当事者は社前に参り、起請文で正義を誓った後、釜の煮えたぎった湯のなかに落ちている小石を拾い上げ、その際の火傷の具合によって真偽を判定することになる。そこで【表2】を見ていただきたい。これは犯人探し型、紛争解決型のそれぞれの湯起請で、それに挑んだ人々がどのような結果になったのかを表にしたものである。さきの【表1】が実施率を表しているとすれば、こちらは火傷率の表ということになろうか。

まず、犯人探し型湯起請の場合、史料で確認できる四四人の挑戦者のうち、火傷がまったく確認されず無罪放免となった者は二二人（五〇パーセント）、その場で火傷が確認され有罪となった者は一八人（四一パーセント）、その場では何ともなかったものの三日間前後の監禁期間中に何らかの「失」が確認され有罪となった者が四人（九パーセント）。合計すればやはり二二人、全挑戦者のうち五〇パーセントが有罪となったことになる。有罪と無罪の比率は、ちょうど五対五。何とも微妙な数値である。

　では、紛争解決型湯起請の場合はどうだっただろうか。実際に湯起請に持ち込まれた九件の事例のうち、どちらか一方が有罪、どちらか一方が無罪となって白黒がついた事例はわずか五件（五六パーセント）にすぎない。逆に両方とも火傷してしまった事例は二件（二二パーセント）、その反対に両方とも火傷せずに引き分けとなった事例も二件（二二パーセント）であった。つまり、紛争解決型湯起請の場合、勝負がつくのは六割程度で、あとの四割は意外にも引き分けとなってしまっていたのである。もっとも考えてみれば、争う両者が同じ条件の湯に手を入れるのなら、引き分けになるのがむしろ当たり前のことなのかもしれない（ただし、紛争解決型湯起請のなかには双方にひとつずつの釜を用意するものもある。『大乗院寺社雑事記《だいじょういんじしゃぞうじき》』延徳《えんとく》四年〔一四九二〕七月一〇日条）。いずれにしても、紛争解決型湯起請は、現実にはそう簡単に白黒をつけられるものではなかったようだ。

　それはともかくとして、この九件の紛争解決型の事例では計一八人が湯起請に挑戦したことになる。このうち結果的に火傷をしたのは計九人、火傷をしなかったのも九人だった。つまり、ここでの火傷率もまったく五分五分だったことになる。読者のなかには、「湯に手を突っ込んで白黒をつける裁判なんて、最初から火傷するに決まっているじゃないか」と思われたり、あるいは逆に「本当はぬるい湯でやって、火傷しないようにしていたんじゃないのか」と思われていた方もいるのではないかと思う。しかし、現実には湯起請で火傷を負う確率と無事で済む確率は、犯人探し型にせよ紛争解決型にせよ、ちょうど半々。有罪になる確率も無罪になる確率も五分五分だったのである。これを高い火傷率と見るか、低い火傷率と見るか？　なかなか難しい。もし、あなたが室町人だったなら、はたして湯起請に挑戦しただろうか？

いずれにしても、当時の人々は、この微妙な確率に「神」をみていたのである。

2　湯起請はなぜ生まれたのか？

湯起請ブーム

この巻末の一覧表の内容を年代別のグラフにしたのが、次頁の図である。このグラフを一見すれば明らかなように、湯起請は一四三〇年代をピークに、ほとんどの事例が一五世紀の一〇〇年間に集中的に行われている。さながら湯起請ブームである。しかし、一六世紀になると、そのブームは沈静化し、かわって一六世紀後半になると鉄火起請のブームが訪れることになる。現在の研究では「室町時代」とは、三代将軍足利義満《よしみつ》が政治の実権を握る契機となった「康暦《こうりゃく》の政変」（一三七九年）の頃から、一〇代将軍足利義材《よしき》〔義稙《よしたね》〕が細川政元《ほそかわまさもと》によって将軍職を追われた「明応《めいおう》の政変」（一四九三年）の頃までをさすのが一般的である。だと

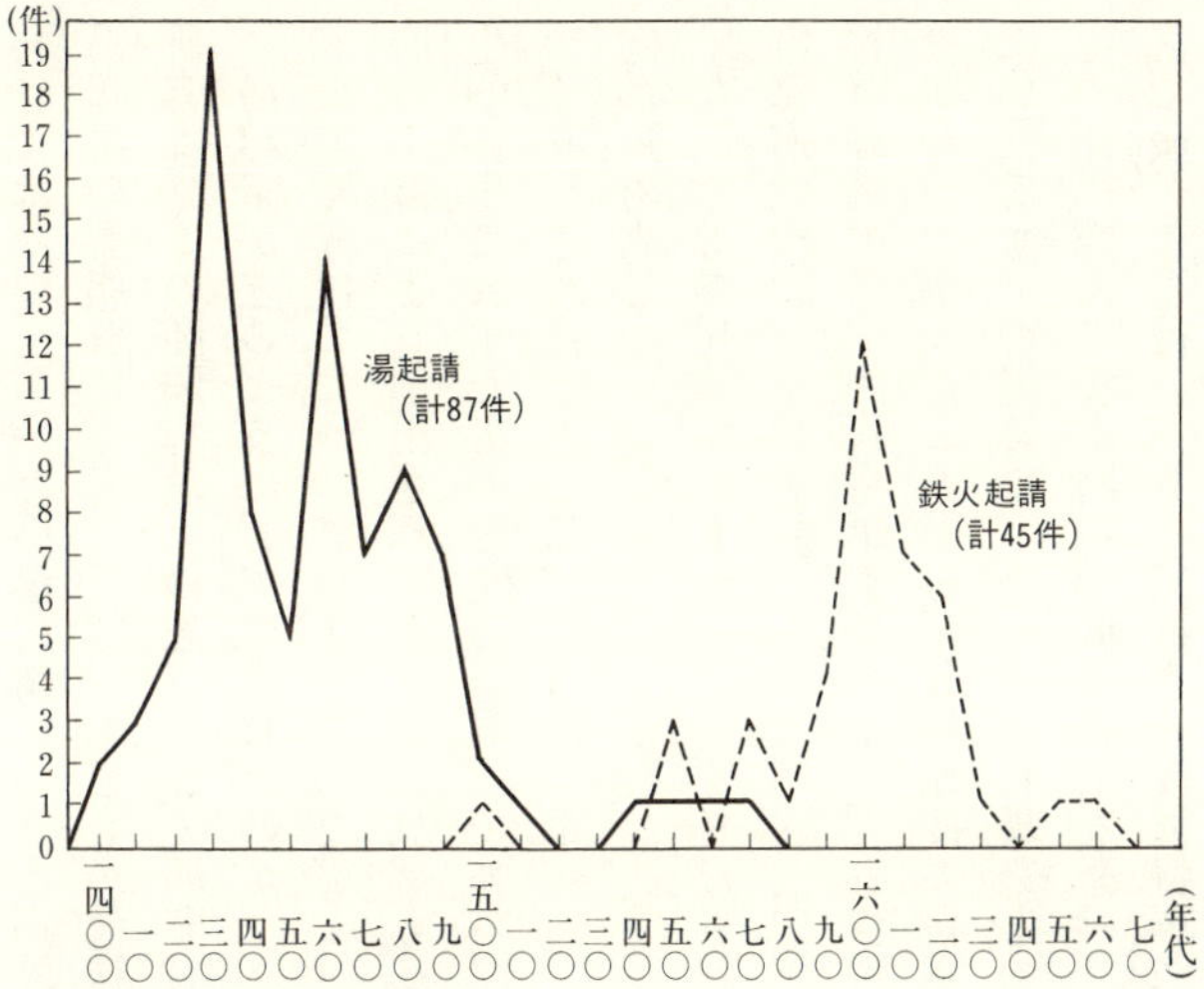

湯起請・鉄火起請確認件数

すれば、湯起請のブームとは、まさにこの「室町時代」の間に集中的に確認されることになり、室町期に固有の現象であったということになる。これ以前、湯起請と盟神探湯のあいだに系譜的な連続性が想定できないことは、前章で述べたとおりである。では、なぜ、よりによって室町期に、突如として湯起請のブームが起きたのだろうか。以下、本書では具体的な湯起請の事例を追いながら、この謎解きに挑んでみたい。

「籤引き将軍」足利義教

もちろん、これまでの湯起請をめぐる研究のなかで、室町期に湯起請が大流行した理由について考えられてこなかったわけではない。いったい湯起請のような過酷な神判を誰がつくりだしたのか？　この疑問は、湯起請の実態を知る者ならば、誰しもが最初に抱くものだろう。実際、これまでの湯起請の研究は、この問題を最大の焦点として展開してきた。

湯起請がどのようにして生まれたのか、ということに関しては、現在、研究者のあいだでも大きく分けて二つの意見が対立している。ひとつは、これを当時の政治権力である室町幕府の主導により創出されたとする意見、もうひとつは、これを一般の民衆社会のなかから自生的に生まれ出たものとする意見、である。このように同じ湯起請でも、一方は「上から」つくりだされたものとし、他方は「下から」つくりだされたものというように、見解は真っ向から対立している。

なかでも湯起請を「上から」つくりだされたものとする立場の研究者が注目するのが、室町幕府六代将軍足利義教《よしのり》（一三九四〜一四四一）という人物の存在である。足利義教は三代将軍義満の子、四代将軍義持《よしもち》の弟で、五代将軍義量《よしかず》が早世し、その父である四代将軍義持に後嗣がいなかったことから、義持死後に将軍に選定された人物である。ただ、その将軍就任にいたるまでの経緯は、きわめて特異なものがあった。仏神への信仰心の篤かった義持は、その死に臨んで後継将軍の直接指名を避け、自分の死後に弟たち四人のなかから石清水《いわしみず》八幡宮で籤引《くじび》きを行い、その当選者を後継将軍にするようにと遺言したのである。当時、籤引きは「神慮」を聞くための手段、神判と考えられていたから、このときの義持の遺言も「神慮」による将軍選考を意図したものなのだろう。はたして、遺言どおり籤引きの結果、後継将軍は義教に決まった。「籤引き将軍」足利義教の誕生である。

しかし、籤引きで将軍に選定されたという彼の特異な経歴は、彼に、自分が「神慮」によって将軍職に就いたという倒錯した使命感を植え付けてしまったらしい。そのため、将軍に就任した後の義教は、元来のヒステリックな性格もあって、周囲を顧みず厳格峻烈《しゅんれつ》な政治に邁進《まいしん》していった。とりわけ「神慮」を重視した彼は、籤引きをはじめとする神判に異常な執着を示し、真理糺明の手段としては、何かというと湯起請を採用しようとした。

このときの彼の湯起請に対する偏愛ぶりは、さきのグラフにも顕著に表れている。グラフを見ると、一四三〇年代の一時期に湯起請の採用事例が急激に増大しており、一四四〇年代になると湯起請採用数がいったん沈静化を示すことが確認できる。足利義教は、正長《しょうちょう》元年（一四二八）に三五歳で将軍家の家督を継ぎ（将軍就任は翌年）、嘉吉《かきつ》元年（一四四一）に四八歳で、そのあまりに苛烈すぎる性格が裏目に出て家臣である赤松満祐《あかまつみつすけ》に暗殺されてしまう（嘉吉の変）。つまり、グラフ上に表れた湯起請の一時的な事例増大現象は、足利義教の執政期とみごとに符合するのである。実際にも、このとき確認できる湯起請事例の多くが、義教によって採用されたものである。このため、湯起請が「上から」創出されたと考える研究者のなかには、こうした足利義教の積極的な湯起請採用策が、この後の一連の湯起請ブームをつくりだしたという意見もあるほどだ。

初期の湯起請

たしかに、この時期の史料を読むかぎり、足利義教の湯起請への執着は誰の目にも明らかで、彼の奇矯な行動がその後の湯起請の普及に一役買った可能性はたぶんにある。ただ、グラフをよく見ると、彼が政治の表舞台に立つ一四二八年より以前、わずかながらも湯起請の事例が確認できることに注意したい。以下、義教登場以前に史料上から確認できる湯起請の全事例八件（事例A～事例H）を列挙してみよう。

〔事例A　越前国織田荘《おたのしょう》の堺相論〕

現在、確認できる最古の湯起請史料は、応永一一年（一四〇四）一〇月、越前国織田荘（現在の福井県丹生郡越前町）の大樟村《おこのぎ》と小樟村《ここのぎ》の堺相論の事例である（「小樟区有文書」）。このときは相論の決着のために「温（湯カ）起請」が行われようとしているが、けっきょく大樟村の百姓が恐れをなして逃げ出したために、相論は小樟村の勝利に終わっている。このとき湯起請を実施した主体は明確ではないが、おそらく地元の在地領主クラスの者だろう。

〔事例B　京都の山科家《やましな》の盗人探し〕

ただし、事例Aを語る古文書については疑問点も指摘されており、これが偽文書であるとすると、次に古い事例は、応永一三年（一四〇六）七月、京都の山科教言の屋敷で行われようとした湯起請の事例である（『教言卿記』）。このとき山科家では夕方に盗人が侵入し、蔵が破られ金銭などが盗まれるという事件が起きている。翌日、陰陽師の占いにより犯人は家中にいると信じた山科家中の「宿老《しゅくろう》」たちは、当主である山科教言の反対にもかかわらず「湯起請」を実施して犯人をあぶり出そうとしている。この事例が、現在確認できるかぎりでの湯起請の確実な初見記事である。

〔事例C　近江国高島郡《たかしま》の山相論〕

その後、一〇年を経た応永二三年（一四一六）六月、近江国高島郡の音羽荘《おとわ》打下《うちおろし》（現在の滋賀県高島市）と同国滋賀郡の小松荘《こまつ》（現在の滋賀県大津市）とのあいだの山相論では、湯起請が実際に行われている（「鵜川《うかわ》区有文書」）。このときは湯起請の結果、小松荘側の「失」が明らかであったため、負けた小松荘側は打下側の主張する山堺を承諾し、以後、境界を侵犯しないという趣旨の起請文を打下側に提出している。これは、実際に湯起請が行われたことの確認できる最古の史料である。

〔事例D　山城国《やましろ》禅定寺《ぜんじょうじ》・曾束荘《そつか》の山相論〕

応永二四年（一四一七）一〇月には山城国綴喜《つづき》郡の禅定寺（現在の京都府宇治田原《うじたわら》町）と曾束荘（現在の滋賀県大津市）の百姓とのあいだで、やはり山相論があり、双方が広義の摂関家領であったため、裁判は摂関家の法廷に持ち込まれている（「禅定寺文書」）。しかし、ここでは一方の当事者である禅定寺側から自主的に湯起請による相論の決着が提案されている。このときは実際には湯起請は行われなかったようだが、この事例の場合、上位権力ではなく一方の当事者から湯起請の採用が求められているという点は注目に値する。湯起請が同時代の人々にそれなりの支持を受けていたことの証左ともいえるだろう。

〔事例E　紀伊《きい》国三上《みかみ》荘の公事《くじ》相論〕

同年一一月には紀伊国名草《なくさ》郡の三上荘重禰《しこね》郷（現在の和歌山県海南《かいなん》市）の願成寺《がんじょうじ》領百姓とそれ以外の惣郷百姓とのあいだで公事（課役）の賦課をめぐって紀伊国守護畠山満家《はたけやまみついえ》の法廷で「湯裁文《ゆさいもん》」（湯起請の別名）が行われようとしている（「間藤家文書」）。しかし、けっきょく、この相論は惣郷百姓が湯起請の場に現れなかったために、湯起請は行われず、寺領百姓たちの主張が全面的に認められている。

〔事例F　紀伊国岩橋《いわせ》荘・和佐《わさ》荘の下地相論〕

応永二九年（一四二二）には同じく紀伊国名草郡の岩橋荘（現在の和歌山県和歌山市）と和佐荘（同）の相論で、下地《したじ》（所領）の領有をめぐって「湯請文《ゆせいもん》」（湯起請の別名）が行われようとしたとされる（「湯橋家文書」）。ただし、これは後年の文安《ぶんあん》四年（一四四七）の史料に出てくる話で、最近の研究ではこのときは実際には湯起請は行われてはいなかったと考えられている。

〔事例G　摂津国の住吉社と念仏寺の相論〕

応永三一年（一四二四）五月、摂津《せっつ》国の住吉《すみよし》社と念仏《ねんぶつじ》寺の相論堺《さかい》の念仏寺（現在の大阪府堺市）の僧侶たちが、寺内の五人の僧侶の処分をめぐって摂津国の住吉大社と対立していた。このとき住吉大社は、妻帯が発覚して処分を受けた五人の僧侶を救済するため、念仏寺の処分にかなり露骨な介入をしていた。そこで、念仏寺の僧侶たちは室町幕府に訴状を提出して、五人の僧侶の乱行の事実に誤りがないことを訴え、その訴状のなかで、「なお虚言をもつて陳じ申さば、訴論人ともに湯起請の沙汰におよび、その失に任せ御成敗あるべきか」（このうえまだ彼らが虚言を弄《ろう》するならば、双方に湯起請をさせて、その「失」の状況に応じて処罰をしていただきたい）と述べている（「開口《あぐち》神社文書」）。実際にはその後、湯起請は行われなかったようだが、ここでも一方の当事者から湯起請の採用が提案されている点が見逃しがたい。

〔事例H　京の内裏《だいり》刀自《とじ》の糺問〕

応永三二年（一四二五）八月には、突如、内裏に天皇が呪詛《じゅそ》されていると訴え出る者が現れる。その男の証言によれば、呪詛の張本人は伏見宮貞成親王《ふしみのみやさだふさしんのう》（正しくは、当時はまだ貞成王）で、彼が内裏の刀自（女官）を使って、ときの称光《しようこう》天皇を呪詛しているという（後に訂正され、南朝の流れをひく大覚寺《だいかくじ》聖承《せいしよう》の犯行とされた）。この報告を受けた足利義持は、早速、その刀自らの取り調べを行っているが、その際に「湯起請」が行われようとしている（『薩《さつ》戒記《かいき》』）。このときも実際に湯起請が行われたか否かは明確ではないが、もし実行されていたとすれば、本事例が義教以前、室町幕府による最初の湯起請採用事例ということになる。しかし、最終的には伏見宮による呪詛も、大覚寺による呪詛も、その事実は確認されなかったらしい。ただ、このとき心身の健康を崩し、強迫神経症的な状態に陥っていた称光天皇は、なお不審の念を晴らさず、義持に対し、さらに刀自たちに拷問を行うか、さもなくば「湯起請」を行うようにと求めている（『看聞日記』）。

以上、義教登場以前の全八件の湯起請の事例を見てきた。ここからも明らかなように、湯起請は義教の登場以前から、すでに断続的にその存在を確認することができる。そして、その特徴としては、第一に越前・京都・近江・山城・紀伊・摂津と、畿内を中心に広範囲の地域が舞台となっており、第二に湯起請を行う主体や求める主体も守護・摂関家やその他の地域権力、もしくは一般の人々など多種多様であり、第三に盗犯事件の犯人探しから共同体間相論まで多様な問題解決に湯起請が採用されている、といった諸点が指摘できる。これらの点から考えて、湯起請はすでに義教登場以前から民衆社会にかなりの定着を見せていたと考えて問題ないだろう。湯起請は決して足利義教によって創出されたわけではなく、彼が登場する以前からすでに京や地方社会でそれなりの流行を示しはじめていたのである。おそらく義教はそうした流行にいち早く飛びつき、大流行のきっかけをつくった、といったところが適切な評価なのではないだろうか。

「上から」か？「下から」か？

では、実際のところ湯起請の流行は「上から」生まれたものなのだろうか？　それとも、「下から」生まれたものなのだろうか？

これについては、明確な答えを出すのは、きわめて難しい。たとえば、ヨーロッパ中世においても同様の神判（熱湯裁判・熱鉄裁判・冷水裁判など）を確認することができるが、これがどのようにして生まれてきたものなのかをめぐっては、やはり研究者のあいだでも「上から」と「下から」の二説が対立している。私の知るかぎりでは、ヨーロッパ中世史研究では、神判を支配の装置とする見解（ロバート・バートレット）と、社会の自生的なコンセンサス維持装置とする見解（ピーター・ブラウン）の二つの見解が拮抗《きっこう》している状況にあるようだ。

ただ、ヨーロッパ中世はともかくとして、日本中世に関していえば、湯起請を「上から」、つまり幕府や地域権力によって生み出されたとする見解には、主張に強引な点が多く、そのままでは成り立ちがたいように思われる。たとえば、湯起請の流行に足利義教の積極的影響を想定する見解については、義教登場以前の湯起請事例の分析から一定の留保が必要であることは、すでに述べたとおりである。また、「上から」の影響を説く論者のなかには、「湯起請が住民側から出されたとされる史料はなく、湯起請を在地の法の中で検討することには無理がある」という意見もある。しかし、すでに紹介した〔事例D〕〔事例G〕やこの後本書で紹介するいくつかの事例からも、湯起請が住民側から要望される事例は少なからず確認でき、そうした史料が存在しない、というのは完全な事実誤認である。

また、現在確認される事例のうえでは、たしかに為政者側が主導して湯起請が実施されるというケースが圧倒的に多い。ここから、当時の湯起請がほとんど為政者の主導によって行われるものだったとすることも、一見可能なように思える。しかし、歴史の史料というものは、とかく為政者側の史料ほど残りやすいという宿命をもっている。だから、現在残されている史料のなかに為政者主導の事例が多いからといって、それが即、湯起請が為政者によって主導されるものだった、ということにはならない。

思うに、湯起請を「上から」生まれたものと主張する論者の脳裏には、「そんなに過酷な裁判方法を民衆がみずから考案するはずがない」という先入観があるのではないだろうか。

また、湯起請を為政者が民衆への威嚇を企図して採用したものであるとする見解にも、私には同様の思い込みが背景にあるような気がする。しかし、現実にはしばしば民衆は自主的に湯起請の実施を求めているのであり、事例の多寡や根拠のない先入観をもとにして結論を急ぐのは慎重でありたい。

ただし、足利義教をはじめとする少なからぬ為政者が湯起請の採用に積極的な姿勢を示したことも、また事実である。また足利義教の登場に触発され、湯起請事例が爆発的に増大したことも事実である。こうしたことから、湯起請の流行には「上から」の影響をまったく無視することはできない。むしろ重要なことは、「上から」か？「下から」か？という二者択一的に問題をとらえるのではなく、「上」であれ「下」であれ、それを実施した人々が当時どのような意識をもって湯起請を行ったのか、ということだろう。おそらく、そうした問題設定を行ってこそ、この時期にかぎって湯起請が爆発的なブームを見せた秘密が解けるのではないだろうか。そこで次章以下では、「上から」か？「下から」か？という問題にはとくにこだわらず、当時、どのような人々がどのような立場から湯起請に支持を与えていたのかを見てゆくことにしよう。

第三章　ムラ社会のなかの湯起請

1 落書起請と湯起請

共同体にとっての湯起請

すでに述べたように、この時期の湯起請には為政者によって主導されるものと、地域の共同体で自主的に行われるものとの大きく分けて二種類があった。このうち、ここでは、まず荘園や村落の住民が主体となって行った共同体主導型の湯起請のケースについて考えてみることにしよう。

この種の湯起請については、すでに日本中世史研究では千々和《ちぢわ》到《いたる》氏や榎原《えばら》雅治《まさはる》氏によって興味深い仮説が提示されている。両氏によれば、湯起請は事件の真相を究明したり、真犯人を捕縛したりすることに目的があったのではなく、共同体社会の狭い人間関係のなかで互いが疑心暗鬼になり社会秩序が崩壊してしまうことを食い止めるため、誰もが納得するかたちで白黒をつけることで、共同体内の不安を解消することを目的としていたのではないか、という。

この両氏の説明は、神判のすべてを中世人の信仰心で説明してしまうような通俗的な説明を越えて、中世社会の共同体の意思決定のあり方をも踏まえているという点で、大変に魅力的な見解である。もちろん湯起請については、為政者が主導的に実施する場合もあれば、共同体間紛争に対して実施される場合もあって、それらのすべてを同一の論理で説明することは不可能である。ただ、少なくとも共同体主導の犯人探し型の湯起請については、千々和・榎原両氏の見解はうまく当てはまりそうである。以下では、荘園や村落の住民や寺院の構成員が主体となって行われる湯起請の事例のうち、刑事犯罪の被疑者に対して執行される犯人探し型湯起請のケースを見てゆくことで、共同体社会にとっての湯起請の役割を考えてみたい。

本尊盗難事件

永享《えいきょう》八年（一四三六）一一月、山城国伏見《ふしみ》荘（現在の京都市伏見区）にある即成院《そくじょういん》の不動堂で、そこに安置されていた本尊の不動明王像が盗まれるという事件が発覚している。この事件は、伏見荘の領主であった伏見宮貞成親王が書き残した日記『看聞日記』から、その経過を克明にたどることができる。以下、その経過を追ってみよう。

即成院不動堂は伏見荘の三御堂のひとつであり、ここの本尊は弘法大師《こうぼうだいし》が造ったともいわれる名品であった。その本尊が、ある日、台座に片足を残すかたちで無残にも何者かによって忽然と持ち去られてしまったのである。当然、荘園のなかは大騒ぎになった。領主の伏見宮も、知り合いを通じて京都の仏師に連絡をまわし、本尊が転売されることのないよう早々に対策を講じている。

この伏見宮の周到な手回しが功を奏したのだろうか。事件発覚から六日後、この本尊は伏見近郷の溝田《みぞた》のなかに打ち捨てられているのを偶然発見され、無事に回収されている。しかし、領主である伏見宮貞成は事態を重大視し、なおも犯人探しを進めるようにと、伏見荘で政所《まんどころ》（荘園の管理人）を務める小川浄喜《おがわじょうき》に厳重な指令を出している。これを受けて小川は、事件発覚から二一日後、ついに伏見荘の鎮守である御香宮《ごこうのみや》に僧侶といわず俗人といわず伏見荘の住民ことごとくを召集し、湯起請を実施する決断をしたのである。事件発覚から湯起請の実施まで時期が空いているのは、おそらくこの間に湯起請に頼らない、別のかたちの捜査が小川たちによって行われていたのだろう。しかし、けっきょく湯起請に頼らなければならないほど、捜査は手詰まりになってしまったようだ。

「神慮」を聞くための手段であった湯起請は、当時、この場合のように神社の境内などで行われるのが一般的であった。また、その実施にあたっては、神子《みこ》（巫女）や陰陽師などの宗教者がそれを主催する例が多かった（中世において「神子」は女性であるとはかぎらず、「御子《みこ》」とよばれる男巫《おとこみこ》も多く存在した）。このときも陰陽師が、まえもって湯起請の開催を荘内に触れまわっていた。しかし、この事件で興味深いのは、このとき陰陽師が予告した湯起請の段取りが、まず「無名判《むみょうはん》」を行い容疑者を選抜し、そのうえで、その者たちに湯起請を行わせるというものだった点である。

「無名判」とは

「無名判」とは、「落書起請《らくしょぎしょう》」ともいい、参加者から「落書」（犯人を告発する匿名投書）を集めて犯罪者を特定する独特の神判である。無記名投票であり、署名が無い判定法だから、文字どおり「無名判」とか「無名の判」という。主催者は、これを行うことで多くの人々が怪しいと感じる者を巧妙に選抜することができたのである。もちろん、これによって冤罪が生まれる可能性はたぶんにあっただろう。落書起請にかこつけて、日ごろ、共同体から白い目で見られていた邪魔者や異端分子が排除されるということも、少なからずあったに違いない。しかし、当時の人々はこれをたんなる現代的意味での「無記名投票」とは考えておらず、れっきとした神判と考え、その結果は、その匿名性ゆえに「神慮」に基づくものと考えていた。そのため、たとえ客観的には共同体の集団意志による邪魔者の排除であったとしても、その行為は「神慮」の名のもとに厳かに権威づけられていたのである。

こうした習俗は世界各地で見られ、有名なところでは古代ギリシアで行われていた「陶片追放《オストラキスモス》」（市民投票による背信者の国外追放）なども、これと類似のものであった。日本では、神判としては鎌倉時代の参籠起請、室町時代の湯起請、江戸初期の鉄火起請が一般的であるが、他方で、こうした落書起請も中世から近世を通じて寺院や村落内部で並行して実施されていたのである。新潟県のある村などでは、驚くべきことに明治時代まで「入札《いれふだ》」や「地獄札」とよばれる落書起請類似の犯人探し投票が実施されていたことが確認されている(ただし、そこには呪術的性格はすでに希薄なようである)。おそらく落書起請の流れをひく犯人探し投票は、中世以後も列島各地に私たちの想像以上に深く根づいていたのだろう。

ただ、このときの伏見荘では、けっきょく落書起請も湯起請も行われなかった。前日の夜になって伏見荘内の光台寺の性恵《しょうけい》という僧が犯行を自供し、政所に自首したからである。彼は、かねて千日護摩《せんにちごま》を行う際の本尊がないことを嘆いていた石清水八幡宮横坊《よこぼう》の僧に誘われて、不動堂から本尊を盗み出したのだという。彼は千日護摩が終わった後、本尊はちゃんと不動堂に返し、溝田に捨ててはいないといっているが、おそらく怖くなって捨ててしまったといったところが真相なのではないだろうか。彼の身柄は光台寺の僧たちによって引き取られ、とりあえず「寺家預置」という処分となった。慌てて片足を残して持ち去ってしまったうえ、怖くなって途中で本尊を投棄し、最後は自首してしまうというあたり、どこか小心な男だったのかもしれない。

このほかにも永享一〇年(一四三八)一二月、京都の東寺で同じような盗難事件が起きている（『東寺廿一口供僧方評定引付』）。このときは夜間に寺の土蔵が破られ、合計五〇貫文もの銭貨や刀などが盗まれるという事件だった。事件の二日後、東寺の僧侶たちは、寺内に居住する下仕えの者たちことごとくを湯屋の前に召集し、やはり湯起請を行っている。しかし、このときも召集された人々すべてが湯起請を行ったわけではなく、あらかじめ、そのなかから「危《あや》しき者三人を取り分け」、その三人に起請文を書かせたうえで湯起請を行わせていることがわかる。きっと、ここでも湯起請の前段階として落書起請が行われていたのだろう（この事件の顚末《てんまつ》については後述する）。

このように湯起請はただ闇雲《やみくも》に行われていたわけではなく、その前段階の落書起請などを経ることによって、まえもって共同体の集団意志に基づく被疑者の選抜がなされていたのである。数ある湯起請の事例のなかには、それによって本当に真犯人が見つかってしまうという事例なども存在する（『政基公旅引付《まさもとこうたびひきつけ》』文亀《ぶんき》四年〔一五〇四〕正月一一日条）。これなども火傷の有無などで真犯人が捕まるわけはないのだから、まったくの偶然か、でなければ湯起請の執行に際して、落書起請などで共同体内の素行不良者があらかじめ選抜されていたという事態を想定しなければ、およそ理解不能なことだろう。

2　疑惑の神判

冤罪事件？

湯起請を行った結果生じた火傷のことを「失」とよぶ。当然、「失」が認められれば、当人は有罪ということになる。しかし、当時の湯起請においては、この「失」の判定についても微妙な問題がともなっていた。

嘉吉三年（一四四三）七月、東寺の周辺の畑で瓜《うり》盗みが頻発していた（『東寺廿一口供僧方評定引付』『東寺執行日記《しぎょう》』）。ささいなことと思われるかもしれないが、中世人は盗みを大罪と考えており、たとえ盗品が数個の瓜であったとしても、それは決して許されることではなかった。ある日、この瓜盗みについて「その犯人は寺僧の定忍《じょうにん》である」と名指しした落書が何者かによって御影堂《みえいどう》に投げ込まれた。中世の落書には、さきの事例のように大勢を集めて一斉に投書させる例もあるが、この場合のように匿名の誰かが告発を目的に単独で行うものも多くあった。そして、いずれも当時は大きな証拠能力が認められていた。とはいえ、定忍が犯人であるかどうか、落書だけでそう簡単にわかるわけもなく、またしても真偽のほどは湯起請に委《ゆだ》ねられるところとなった。

八月初旬、ついに東寺内で定忍の湯起請が執行された。しかし、その結果は意外にも「失なし」。つまり、火傷は確認されず、定忍は無罪、というものだった。こうして、まことにあっけなく定忍の嫌疑は晴らされたのである。しかし、そうなると、あの告発の落書はいったい何だったのか？　無実の定忍を罪に陥れようとしたものが寺内にいるのではないか？寺内の空気は一気に逆転し、次に寺内の人々の関心は落書を利用して定忍を追い落とそうとした者の糺明へと向かった。

しかし、八月下旬になって、寺内で二通目の落書が発見される。こんどの落書は西院に投じられたもので、しかも、その内容は、こともあろうに「定忍は本当は湯起請で『失』があったのに、検査役がこれを隠したのだ」というものだった。こうなると話は穏やかではない。寺内の執行部の僧たちは、すぐに湯起請の「失」の検査役だった六人を召し寄せ、事情聴取をはじめた。すると、呆れたことに落書の告発のとおり、定忍の手を確認したのは六人中たった一人だけで、あとの五人は見ていなかった、というのだ。「言語道断の次第なり！」と、寺僧たちが激怒したのは当然のことであった。すぐに六人の検査役は再検査を行うように命じられ、八月三〇日、再度、定忍の手の検査が行われた。その結果、こんどは「失あり」。湯起請の実施から日は経っていたものの、彼の二本の指の甲にはたしかに黒ずんだ痕があった。やはり、定忍は火傷を負っていたのだ。こうして二転三転の挙句、定忍の罪科は決定された。数日後、定忍は東寺から追放のうえ寺内の家屋は破却され、もし舞い戻るようなことがあれば、即座に捕縛し、兄弟親類にまで罪がおよぶことが宣言された。

なお、この後定忍は室町幕府の侍所《さむらいどころ》所司代《しょしだい》や醍醐寺《だいごじ》三宝院《さんぼういん》など当時の実力者を頼って、再三東寺への復帰を画策し、事件から四年後の文安四年（一四四七）六月、ようやく罪を許されて東寺に帰住することが許されている。

疑惑の判定

それにしても、肝心の検査役がまともに火傷を実見していないなんて、ずいぶんといい加減な話である。しかし、実際には、「失」の判定は当時からかなり微妙で難しい問題だったようだ。この「失」判定における不正が発覚したとき、東寺の凡僧別当聖清《ぼんそうべっとうせいしょう》は書状で、定忍をかばって、むしろ検査役による「失」の再検査のほうに疑義を表明している（「東寺百合《ひゃくごう》文書」や一三五）。結果的に、この聖清の主張は通らなかったのだが、この書状の内容は、当時、湯起請の「失」判定がどのように行われていたのかがうかがえて、興味深い。

たとえば、その書状によれば、この湯起請では最初、熱湯に手を入れる前に巫女によって「もし手にもともとの傷などがあったならば、検査役の人に見せなさい」と定忍に声がかけられていたという。そのため、その場で定忍の手にはもともと三ヶ所の傷があったことが検査役によって確認されている。このあたり、湯起請の手続きが案外厳密に行われており、しかもそうした「客観性」を担保するうえで巫女が大きな役割を担っていたことを示していて面白い。

ただ、再度、定忍の手を検査した者たちが目撃した二本の指の黒ずみというのは、聖清にいわせれば、この巫女によって確認された最初からあった三ヶ所の傷のうちの二ヶ所なのだという。しかも、そのことを聖清が抗議したところ、検査役たちはこの他に三ヶ所を加えて、定忍には計五ヶ所の傷があるといい出したらしい。そもそも「失」はないといいながら、問題になったら二ヶ所あるといい出し、それが怪しいといえば、いや五ヶ所だといい出す検査役たちの言動に、聖清は苛立った。「定忍に恨みでもあるのか、さもなくば最初に『失』を見逃し叱責されたのを無念に思い、強引に傷を探し出そうとしているのではないか」と、書中で怒りを露《あら》わにしている。中世を生きた人々の手は、たとえ僧侶とはいえ、きっといまの私たちの手よりも、もっと節くれだってゴツゴツしていて、古傷や生傷だって絶えなかったに違いない。そうしたなかで、どこまでが古傷で、どこからが湯起請の「失」かは、かなり微妙なものだったのだろう。

しかし、結果的に、この聖清の訴えは斥けられ、定忍の「失」は確定してしまう。そもそもの瓜盗みが定忍によるものであったのかどうか、いまとなってはもうわからないことなので、ここでそれを問うことはやめよう。むしろ、ここで私たちが注目しなければならないのは、この一連の「失」判断の不明確さ、である。湯起請の「失」の判定においては、一方で集団による「失」の確認や、巫女による既往の傷の確認など、「客観性」を担保するための厳格なルールが存在していたのは確かだが、他方で検査に立ち会う人々の心証や作為によって「失」の判定が左右されてしまう不安定な部分も少なからずあったようなのである。

湯起請の裏工作

それは東寺での今回のケースにかぎったことではなかった。文安二年（一四四五）、摂津国八部《やたべ》郡輪田《わだ》荘（現在の兵庫県神戸市兵庫区和田岬一帯）をめぐって、代官赤松満弘《みつひろ》の湯起請での不正が問題になっている（「九条家文書」）。この頃、輪田荘は摂関家領（九条家領）荘園だったが、すでに代官職は赤松氏に握られ、年貢・段銭などはすべて赤松氏に横領されている状態にあった。そこで九条家は、このとき思い切って赤松氏を代官から解任しようと試みるが、これに対し、赤松氏は全面対決の姿勢を示し、「そもそも輪田荘は九条家領ではない」との主張を幕府法廷において展開しはじめたのである。

もちろん九条家は様々な証拠書類を持ち出して、この赤松氏の荒唐無稽な主張を否定しようとする。しかし、それに対抗するべく赤松氏が持ち出したのが、他でもない湯起請だった。

赤松氏は、みずからの主張の正当性を証明するために輪田荘の百姓たちを証人に立て、彼らに湯起請を行わせ、それに「失」がなかったことを根拠にして、自身の主張の正当性を訴えたのである。当時は、ある程度以上の身分の者には湯起請や鉄火起請を行わないという不文律があった（『看聞日記』永享四年八月一五日条裏書、『甲陽軍鑑《こうようぐんかん》』一七巻など）。ここで赤松氏自身ではなく、百姓が湯起請を行っているのも、そうした不文律に基づいているのだろう。

しかしこれについては、後日、九条家側から、その湯起請に不正があった旨が訴えられてしまっている。それによれば、このときの湯起請は赤松氏が湯起請の取り手である百姓や、主催者である御子（男巫）と結託して行ったもので、その結果には不審な点が多いというのである。おそらく、判定係であるはずの男巫や実際に湯に手を入れる人物などが全員で示し合わせてしまえば、湯起請の結果など、いかようにでも改変することは可能だったのだろう。しかもこのときは、この湯起請が「夜陰」になって行われたものであることが、とくに問題視されている。ここから、本来の湯起請は衆人環視の白昼に堂々と行われるべきもので、誰も見ていない夜間に勝手に実施しても、それは正当な湯起請とは認められるものではなかったことがわかる。しかし、ここで赤松氏がひそかに夜間、関係者のみで湯起請を実施してしまったように、現実には馴《な》れ合いの関係のなかで湯起請が処理されてしまうという事例も少なからずあったのだろう。

当時の湯起請においては、「神慮」にすべてが委ねられていたわけではなく、事前の落書起請によって人為的に被疑者の選抜がなされていたことは、前節で述べた。しかし、それに加えて、現実には肝心の「失」の判定の場においても、人為的な操作が介在する余地が明らかに存在していたのである。輪田荘の事例では、それによって「失なし」という結論が捏造《ねつぞう》されてしまったわけだが、こうした人為的な要素が介在したことで、まったく逆に「神慮」の名のもとに、共同体にとって有害な（可能性のある）者が選抜され排除されてしまう可能性も決して小さくはなかっただろう。

つまり、ある人物について、彼が罪を犯したという明確な証拠はない。そして、彼自身も犯行を否認している。しかし、当時の状況や日ごろの言動から考えて、犯人はおよそ彼以外に考えられない。そうしたときに、彼が犯人であることに決定的な裏づけを与える装置として、湯起請は人々に利用されていたのではないだろうか。

現代に生きる私たちも、テレビなどで未解決の凶悪事件のニュースなどに触れると、犯人が捕まらないかぎり、いずれは自分の身にも同様の災厄が降りかかるのではないか、と大なり小なり不安な気持ちになる。まして、それが自分の住む近隣地域で起きた事件だというのならば、なおさらだろう。誰でもいいから犯人を逮捕してもらって安心したい、という気持ちは、忌まわしい犯罪を耳にした者なら誰しもがもつものだろう。おそらく落書起請や湯起請によって強引にでも真犯人を特定しようとする中世の人々の意識も同様のものだったと思われる。ただ、現代の私たちと中世の人々が大きく異なるのは、彼らは、そのためには冤罪が生まれることすら厭《いと》わなかったという点である。

中世人と共同体

いつの時代も多様な人たちを束ねて、ひとつの共同体を維持してゆくのは難しい。様々な考え方をもつ人々がいる以上、意見の相違は仕方のないことである。なかには一人だけヒステリックに我を張って周囲を困惑させる人もいるし、みんなの前で自己顕示欲を満足させるためだけに迷惑を顧みず大演説をはじめる人もいる。場合によっては、その場の議論では合意しておきながら、のちに外部の勢力と結託して合意を覆そうとするような猛者もいる。おそらく皆さんも様々な会議などで「あの人さえいなければ、話はもっと早くまとまるのに……」という思いをしたことがあるのではないだろうか。しかし、私たちはそうした「困った人」たちをも取り込んで、ひとつの合意を形成してゆかなければならない。それが民主主義の最低限のルールなのである。

ところが、中世社会は違った。中世の共同体は、つねに外部に「敵」を抱えていた。村々や荘園は多くの場合、近隣の村々や荘園と田畑や山林などの帰属をめぐって紛争を抱えていた。中世社会は自力救済《じりききゆうさい》社会であるので、そんなとき村人たちが直接に刃を交え、命のやりとりをすることすらあった。そうした過酷な社会にあって、共同体は合意を乱す存在を許しておくような寛容さはなかった。すべての人々の合意を得るなどというきれいごとが通用しない社会だったのである。共同体の調和を乱す者を放置しておくことは、共同体全体の崩壊につながりかねない。現代とは異なり緊迫した社会に生きていた彼らには、その者が真犯人であるかどうかはともかく、この機会にそうした共同体のなかの「困った人」を排除することができるなら、それはそれで結構なことだと考えていたようである。現代人の目から見れば残酷に思えるかもしれないが、そうした異端排除の自浄機能を備えもっていたからこそ、中世の共同体は存続してゆくことができたのである。

ちなみに、こうした事態はヨーロッパ中世の神判も同様だったようだ。その代表的な論者の一人であるピーター・ブラウンによれば、神判は共同体内部のコンセンサス達成のための装置であり、生じた犯罪によって共同体が疑心暗鬼で分解してしまうような事態を抑えるための演劇的な仕掛けの意味をもっていたという。そのため当時の神判の実態はロールシャッハ・テスト（インクのしみなどを見せ、それが何に見えるかを答えさせることで精神状態や性格を調べる人格診断テストの一種）のようなもので、あいまいな火傷の状況を共同体の集団意志に沿うかたちで読み解いてゆくことに意味があったとする。だとすれば、この時期の神判とは、ヨーロッパ、日本を問わず、たんに中世の人々の素朴な信仰心からだけでは説明できないのかもしれない。彼らは何よりも共同体や社会の秩序回復を第一に考えていたのであって、むしろ、そのための便宜的な儀礼として湯起請や神判を利用していただけだったのかもしれない。

3　ムラの「平和」

火傷が見つからない

しかし、湯起請という偶然的な要素に左右される余地の大きい判定法の場合、当然のことながら、それを行っても誰も火傷をせず、ついには犯人が見つけられなかった、などという場合もありえた。そうしたとき、いったい当時の人々はどうするのだろうか？

さきに紹介した永享一〇年（一四三八）一二月の東寺内の盗犯事件の場合は、すでに述べたように、あらかじめ大勢の者たちのなかから「危しき者三人」が選抜されたうえで、湯起請が行われていた。彼らは七条《しちじょう》あたりに住む御子（男巫）の指示のもと、湯屋の前で起請文を書かされ、様々な儀式を経て、釜のなかの石を取り出すべく、熱湯のなかに手を入れている。しかし、このときは彼ら三人いずれも何の火傷もせず、けっきょく彼らの手に「失」は確認できなかった。もちろん湯の温度が低かったのがすべての原因なのであろうが、これでは土蔵破りの犯人は特定できない。現代人の感覚からすれば、こんなことでは大騒ぎをして湯起請まで行った意味がなくなってしまうではないか、と考えそうなものなのだが、当時の人々の感想は違っていた。

この事件を「引付《ひきつけ》」とよばれる業務日誌に書き記した東寺の僧侶は、そこに「しかりといへども更に違失なく、手暑（熱）からず。よつてまた煩ひなし。末代といへども厳重の儀、紙面に尽くしがたきものか」（しかし、何ら異常はなく、手も熱くなかった。そのため、この事件については何の問題もなくなった。末世とはいっても神仏の御威光は厳かで、そのありがたさはとても紙面に書くことができないほどだ！）と、その感激を詠嘆調で述べてしまっている。彼は、決して真犯人が捕まらないことを不安であるとは考えていなかった。むしろ、三人の容疑者のうち誰にも「失」が確認されなかったということで、彼は東寺という狭い共同体のなかには犯罪者がいないという保証が得られたと解釈したのである。そして彼は、その「真実」を湯起請というかたちで示唆してくれて、自分たちを安堵《あんど》させてくれた神仏の霊厳のあらたかなことに素朴に感激しているのである。

時代は下るが、戦国時代、九州の平戸島《ひらど》の西北部にあるキリシタンの村、春日村《かすが》（現在の長崎県平戸市）で奇妙な神判が行われている。この時期に日本に渡ってきた宣教師ルイス・フロイスは、その様子を著書『日本史』に次のように書き記している。

一五七六年、この村で二俵の米が盗まれるという事件が起きた。そこで、当時、村の人々はすべてキリシタンだったので、村長は村人全員を村の教会に召集した。すると、彼らは「そこに立っていた十字架の根元から小さな木片を切りとって、それを燃やし、灰を水に投げ入れ、その際、我らの主（なるデウス）に、誰がかの盗みを働いたかを明かし給えと祈ることに決め」「人々が皆、十字架の根元の埃《ほこり》が混じったその水を飲んだ」という。十字架を刻んで焼いて、その灰を水に溶いて呑む。そんな儀式は本来、ヨーロッパのキリスト教文化には存在しない。むしろ、そうした呪術的な神判を否定するのが、当時のキリスト教の立場であった（北田葉子氏の御教示による）。明らかにこの儀式は、起請文を焼いてその灰を水に溶いて呑む、という第一章で触れた参籠起請から連想された日本独特の行為なのだろう。その点で、このエピソードは当時の日本人キリスト教徒のキリスト教理解の浅薄さ、逆にいえば、外来宗教が浸透した後も、なおそれと融合しながら影響力を持ち続ける神判に対する既存意識の根強さを物語るものといえるかもしれない。

ちなみに、この神判をすべての村人が行ったところ、米を盗んだ男は「突然皆のいるところで身体が脹《ふく》れ出し、恥ずかしさと狼狽《ろうばい》のあまり眼から涙をぽろぽろ流し」、みずからの罪を白状したという。少し出来すぎている話なので鵜《う》呑《の》みにはできないが、この後、彼は本来は死刑にされるべきところを、最終的には村長の温情でその罪を赦されたのだという。

しかし、ここでより興味深いのは、この不可思議なキリスト教的（？）神判を見聞した、外国人ルイス・フロイスの論評である。彼は、この村人たちがこのようなことをしなければならなかったのは、「その地には住民が少なく、そこに泥棒がいたのでは安んじて生活できないからであった」と、ずばり的確に、その目的を見抜いている。やはり、この時期の神判の本質は、共同体秩序の再確認というところにあったようだ。

真実を犠牲にしてでも……

中世社会に行われていた神判が、共同体社会のなかの疑心暗鬼を払拭《ふっしょく》し、秩序回復を図ることに何よりも大きな目的があったのではないか、ということは、本章の冒頭に紹介したように、すでに日本中世史研究では千々和到氏や榎原雅治氏によって指摘されているところである。そして奇遇にも、ヨーロッパ中世史研究においても同様の事実が指摘されていた。本章で紹介したいくつかの事例は、まさに、この両氏の見通しを裏づけるものであり、ヨーロッパ中世社会と日本の中世社会の共通点を浮き彫りにするものといえるだろう。当時の神判では真犯人が逮捕されるか否か、真実が明らかにされたか否かは二次的な問題だった。むしろ人々が恐れていたのは犯罪そのものよりも、狭い生活空間のなかで人間関係が相互不信によって崩壊してゆくことだったのだ。

たとえば、共同体のなかの誰もが彼を犯人だと考えていながらも、決定的な証拠が見出せないというような場合——。たとえ証拠不十分であったとしても、いちど悪評が立った者を共同体のなかに抱えながら、警戒心をもちつつ共同生活を営んでゆくのは耐えがたい。そうしたとき、「合法的」なかたちで彼を共同体から排除する最良の方法として、湯起請はその存在価値を発揮していたのである。

また、それとは逆に、誰が犯人なのかまったく誰にも見当がつかないという場合——。湯起請さえ行えば、真実はどうあれ、とりあえず「犯人」を特定することができる。もちろん、そうして見出された「犯人」が本当の犯人であったかどうかは誰にもわからない。しかし、そうすることで、人々はかわりに一定の安堵感を手に入れることができる。彼らは狭い地域社会のなかで互いが互いに疑いの目を向ける疑心暗鬼の牢獄《ろうごく》から抜け出すことができるのだ。本当の犯人ではないのに「犯人」にされてしまった者にはたまらない話だが、人々は、それはそれで次善の結論として、湯起請の結果を「真実」として受け入れていったのだろう。その場合、そこで「犯人」とされてしまった者は、気の毒だが共同体秩序維持のためのスケープ・ゴートとされたことになる。

しかし、誰もが漠然とある人物を犯人だと思っている場合でも、あるいは逆に誰にも犯人がわからないという場合でも、いずれにしても湯起請を行ったのに誰も火傷をしないというとき――。人々は、それはそれで構わないとも思っていたようだ。たしかに、狭い共同体のなかでは後々の人間関係のことを考えると、無理に犯罪者を特定するよりも、どこにも犯罪者がいなかったという結論のほうがいいに決まっている。「犯罪を行うような不届き者はもともとここにはいなかったのだ」という結論は、真実はどうあれ、多くの人々に心の平安を取り戻させるのに十分なものがあったはずである。共同体のどこかに依然として真犯人が潜んでいるのかもしれないのに、ずいぶん自分に都合のいい解釈をするものだと思われるかもしれないが、日本中世に生きる人々の多くにとっても、そうした結論は素直に受け入れやすいものだったのだろう。

以上、紹介した事例からもわかるとおり、当時、共同体社会において行われていた湯起請には、人々の純粋な信仰心からだけでは説明できない要素が多々見受けられる。そもそも人々は湯起請によって真実を見きわめようということを第一義的に考えていたわけではなかった。彼らは真犯人を見つけることよりも、犯罪者が共同体内にいなかったということが証明されることを何より歓迎していたふしがある。また逆に、それにより結果的に共同体社会にとって有害な（可能性のある）者が除去されるなら、それはそれで好都合なことだとも考えていたようだ。いずれにしても、湯起請を行うことで、誰の目にも明らかなかたちで白黒をつけることができる。当時の人々はそうした役割を湯起請に期待していたようだ。

「ヨコの連帯」の時代

室町時代という時代は、しばしば「一揆の時代」や「衆儀の時代」などとよばれるように、人々のあいだでヨコの連帯が大きな意味をもった時代だった。当時はまだ後の戦国大名のように特定のカリスマ性をもった独裁者はどこにも出現しておらず、タテ軸の支配は社会に貫徹していなかった。そのため、大名の家中では当主の発言力よりも家臣団の発言力のほうが大きい場合が一般的で、彼らの合議（衆儀）が大名家を動かしていた。また、この時期に一般の人々のあいだにも広がっていた娯楽である茶寄合《ちゃよりあい》（闘茶《とうちゃ》）や連歌などの席でも、世俗の身分差を越えて参加者の平等性を維持することが、何より重視されていた。さらに経済面では、参加者が資金融通を行う頼母子《たのもし》や無尽《むじん》といった互助金融が人々のあいだに定着したのも、この時代であった。

そして、何より惣村のなかでは、村人が「寄合」によって独自に意志決定を行っていたし、ひとたび事あるときには彼らは「一揆」を結び、自力で蜂起《ほうき》することもあった。そのいずれも、構成員間の平等を基本原則としている。つまり、この時代の人々は、厳しい自然環境や外部勢力の脅威と格闘するために、特定の独裁者に意志判断を委ねるという方策ではなく、共同体の集団的な連帯を強化することでみなが生き残るという方法を選択していたのである。この時代が「一揆の時代」「衆儀の時代」とよばれる所以《ゆえん》である。

本章で考察対象としてきた住民主導の犯人探し型湯起請の場合、異端排除のためであれ、治安の再確認のためであれ、いずれも共同体にとって都合のいい結論を、人々が湯起請によって権威づけているという印象が強い。湯起請は、彼らが集団的に行っていた異端排除や治安の再確認作業を「俗」の次元から「聖」の次元に切り替えることで、あたかもそれが恣意《しい》的・専制的なものではないかのように見せる効果をもたらしたのである。これこそが共同体の連帯が重視される室町社会にあって、湯起請がもっていた機能のひとつであった。湯起請は、一面で、こうした室町期特有の社会構造を支えるために、その独特の価値を見出されていたのである。

では、一方で湯起請を行う当の本人はどのような意識をもって、それを行っていたのだろうか。次章では、湯起請を行う当事者個人の意識に主題を移してみよう。

第四章　当事者にとっての湯起請

1　追いつめられた男たち

「ハッタリ」

意外に思われるかもしれないが、紛争解決型の湯起請を見ていると、一方の当事者がむしろ率先して湯起請を希望するという事例にしばしば遭遇する。熱湯に手を入れて、しかも私の試算によれば火傷する確率が半々であるものなど、常識的に考えれば、誰も自主的にやりたいなどと思うはずがない。そのため、これまで湯起請は庶民が為政者によって強制されたもので、拷問と同様に威嚇を目的として採用されたものであると説明されることも少なくなかった。しかし現実には、当時、決して少なくない人々がみずからすすんで湯起請の採用を望んでいるのである。

最近、この事実に注目した細貝眞理氏は、これを争っている相手側を畏怖《いふ》させ、裁許の場に不参にさせることで、訴訟に勝利することを意図したものではないか、との鋭い指摘を行っている。たしかに、奈良の平等寺《びょうどうじ》で取り決められた湯起請のルールのなかには、「失」の要件として「一、石ノ取ヲトシ」「一、棚ノ石ノ取ヲトシ」と並んで「一、起請定日ニ他行スベカラズ」という一文があり、当時、湯起請当日の不参加は十分に敗訴の要件となりえた

(『大乗院寺社雑事記』寛正《かんしょう》二年〔一四六一〕五月一四日条)。そこを突いて、あえて湯起請を提案するということは、ありえない話ではない。細貝氏は、当時の人々は無茶を承知であえて湯起請を「ハッタリ」として提案したのではないか、と述べている。事実、第二章で分析したように、紛争解決型の湯起請では、紛争の過程でひとつの解決策として湯起請が浮上することはあっても、実際にそれを執行した事例はわずか二七パーセントにすぎない。ほとんどの事例は、話題にのぼっただけで、湯起請は実施していないのである。これなども細貝氏のいうとおり、当時、湯起請が相手を脅かす「ハッタリ」として一方から戦略的に持ち出される性格のものであったことを示しているのかもしれない。

しかし、「ハッタリ」とはいえ、もし相手側がこれに呼応してしまった場合、湯起請は行われてしまうわけだから、「ハッタリ」をかます側もそれなりの覚悟がいる。そうした状況では、湯起請の場というのは「神意を問う」というような敬虔《けいけん》な場ではなく、いわば「度胸試し」、もしくは「チキンレース」の様相を呈していたのかもしれない。そう考えると、これまで中世人の信仰心のみから説明されていた湯起請に対して、細貝説は大変斬新《ざんしん》な視角を提示したものと評価できるだろう。

ただ、細貝氏は紛争解決型の湯起請についてしか言及されていないが、そのほかにも犯人探し型湯起請の場合にも、以下に述べるように容疑者が率先して湯起請を申し出るという事例が少なからず見られる。それらの事例については、「ハッタリ」だけでは十分な説明はできなさそうだ。では、そうした場合、いったい、彼らはどのような意識から湯起請を提案していたのだろうか。本章では、細貝説の視点に学びながら、紛争解決型・犯人探し型の両方の湯起請について当事者が積極的に湯起請の採用を提案する事例を確認することで、彼ら当事者自身が湯起請をどのようなものと認識していたのかを考えてゆきたい。

盗人の悪評

永享三年（一四三一）六月――。山城国伏見荘のあちこちでは、それ以前から盗難事件が頻発していた。そして、この頃には荘内では一連の盗難事件の最重要容疑者として、すでに内本兵庫《うちもとひょうご》という一人の人物の名前が取り沙汰されるようになっていた。彼は近隣でも札付きの素行不良者だったらしく、伏見荘の人々は今回のことにかぎらず、長年にわたって彼に疑いの目を向けていた。中世社会は「噂」であっても十分な刑事事件の証拠と認められる社会であったから、彼の容疑はすでに濃厚であった。そこで領主である伏見宮貞成は、ついに内本兵庫の捕縛を検討する。が、そのとき荘内の沙汰人（荘官）たちから「待った」がかかる。沙汰人たちによれば、内本兵庫は四人兄弟で、そのうち二人の兄弟の内本善祐《よしすけ》と内本助六《すけろく》は伏見宮家に仕える御所侍、もう一人の兄弟は荘内光台寺の僧俊意《しゅんい》であり、いずれも荘内では有力な者たちだった。そのため、むやみに兵庫を捕縛すると、彼らから不満が出されるかもしれない、というのだ。

そこで、あらかじめ、この三人の兄弟に兵庫のことを尋ねてみると、彼らの返事は一様に冷たく、「兵庫とは近年絶交しているので、私たちの預かり知らないことである」というものであった。ただ、助六と俊意は、その後に続けて「ただ、もしその嫌疑が濡《ぬ》れ衣《ぎぬ》であったならば、兵庫も気の毒だ。まず兵庫自身にそのことを問い糺《ただ》してほしい」という意見を述べた。そのうえで「もし兵庫が真犯人だったならば、私たちから兵庫に対して潔く切腹して果てるように申しつける」というのである。どうやら兵庫は日ごろの行いの悪さから、すでに兄弟たちからも見放されていたようだ。

切腹覚悟の湯起請

これを受けて沙汰人たちが兵庫に事情聴取を行ったところ、兵庫は意外にも次のような啖《たん》呵《か》を切った。

「この間、盗人の事ゆめゆめ存知せず。所詮《しょせん》湯起請を書き、その失あらば、切腹すべし」

自分は断じて無実だ、嘘だというのなら、湯起請をやって、そこで失があったならば、こちらから切腹してやる、というわけである。

かくして、内本兵庫の提案どおり、伏見荘の鎮守御香宮において、陰陽師立ち会いのもと湯起請が行われた。しかし、このときの湯起請では、人々の予想に反して内本兵庫に失は確認されなかったのである。そのため兵庫の身柄は御香宮の社殿に閉じ込められ、さらに三日間、経過観察がなされることとなった。

このとき興味深いのは、このことを日記に書き記した伏見宮貞成が、一連の出来事の記述の後、最後に「神慮もつとも不審」との感想を書き残していることである。どうも貞成は最初から兵庫を犯人と確信していたらしく、その彼に失が確認されないのを不審に感じていたようなのだ。おそらく、それが荘内の大多数の人々の観測だったのではないだろうか。しかし、けっきょく、その後も三日間、最重要容疑者である兵庫の身に変調は訪れなかった。これにより、ついに彼は無実と判定され、その身柄は御香宮から解放されることになった。

ところが、これだけで捜査は終わらなかった。兵庫が無実となったことで、すでに兵庫の監禁中から、兵庫以外にも荘内で盗人の容疑が濃厚な者が四人、新たな容疑者として選出されていたのである。彼らも同様に起請文を書き、湯起請をさせられることになったが、うち一人は途中で逃亡。その場に残った三人のうち一人の結桶師《ゆいおけし》が、湯起請の結果、火傷を負ってしまい、その場で有罪と決まった。しかし、その場では火傷をしなかった残る二名についても、湯起請後、彼らの出身の村々に身柄を預けたところ、三日以内に火傷が確認され、やはり後から有罪と決まった。こうして合計三人の「犯人」が確定したのである。なお、有罪確定後、彼らは拷問にかけられたようだが、そこでは確たる自白は得られなかったという。現代人の感覚からすれば、こうした場合、彼らは無実だったと考えるのが常識的だろう。ところが、伏見荘の人々は、兵庫が犯人でないならば、なにがなんでも真犯人を特定しなければ、と考えてしまったらしい。こうして三人の新たなスケープ・ゴートが生まれたことで、すべては一件落着。この事件は解決したこととされたのである。

内本兵庫の最期

ところが、それから一ヶ月半後の七月中旬、突然、「内本兵庫死亡」の報が伏見荘に届く。兵庫は湯起請の後、荘内にいずらかったのか、伏見荘を離れ、大和国（奈良県）を流浪していたのだという。ところが、かの地で他人の刀を盗もうとしたのがバレて、その場で打ち殺されてしまったというのだ。事件の最重要容疑者のあっけない死であった。このとき、この訃報を耳にした貞成のコメントは、またも冷たい。「ついに盗みをもつて身を果たす。存内《ぞんない》の事なり……」。案の定、盗みで身を滅ぼしたか、思ったとおりだ、という意味である。

たしかに、それ以前からの荘内や身内からの悪評に加えて、盗みによって自滅してしまうという最期を考えると、貞成の観測どおり、この一連の事件の犯人は、やはり兵庫だったのではないだろうか。後から捕まった三人は、気の毒だが荘内の不安を解消するための犠牲に供されたと考えるのが自然だろう。

しかし、ここで興味深いのは、そうした最もクロに近い男自身の口から湯起請の提案がなされているという事実である。しかも、彼は湯起請で失が現れたら切腹すると凄《すご》んでみせることで、実際に事態を湯起請に持ち込むことに成功し、そこでみごとに無罪を勝ち取っているのである。さすがに、その後荘民から白眼視され荘内にいられなくなることまでは計算していなかったようだが、途中まではすべて彼の思いどおりの展開といえる。もし彼が本当に一連の事件の犯人だったとすれば、彼は自分の罪を自覚しながらも、断罪されるのを避けるために、一か八かの賭けとして湯起請を提案したことになる。そんなことをして「神慮」によって虚言がばれて、火傷を負うとは考えなかったのだろうか。無実になるためなら神判をも利用する、まさに彼は「神をも恐れぬ男」だった。

湯起請嘆願

しかし、そうしたことは、なにも内本兵庫にかぎったことではなかった。文明《ぶんめい》五年（一四七三）二月三日の夜、東寺のなかの鎮守八幡宮の宝殿に盗人が入り、ほとんどの宝物を盗みとるという、「前代未聞」「希代の不思議」といわれる事件が起きた（『東寺廿一口供僧方評定引付』)。おりしも応仁《おうにん》・文明の乱の最中であり、東寺としては満足な犯人捜査もできずにいた。すると、九日後の一二日になって、こんどは昼間に寺内の宝勝院に盗人が入り、居合わせた尼僧が鉞《まさかり》で殺害されるという残忍な事件までが起きてしまう。こうなると、もはや放ってはおけず、東寺では寺内の一五歳以上の成人男子をことごとく不動堂に集め、起請文を書かせ、まずは参籠起請のスタイルで人々に無実を誓約させた。しかし、参籠起請のような悠長な神判では、やはり、すぐに犯人らしい者をあぶり出すことは不可能だった。

そうこうしているうちに、一五日になると突如、事態が動き出す。一通の落書が寺内に投じられたのである。そこには、今回の二つの盗難・強盗殺害事件の犯人は、増長院に召し使われている五郎次郎という男であると書かれていた。この五郎次郎については、やはりそれ以前からいろいろと黒い噂の絶えない男だったらしい。そこで翌日、東寺は落書を根拠にして彼の捕縛に踏み切ったのである。

ところが、逮捕に乗り出すのが、少しばかり遅かった。わずかの差で、身の危険を感じた五郎次郎は妻子を連れて、姿を晦《くら》ましてしまっていたのである。東寺の役人が到着したとき、すでに五郎次郎の家はもぬけの空であった。仕方なく東寺の執行部は、慣例に従って彼の家を焼き払い、彼の境内での居住資格を剝奪《はくだつ》するとともに、彼の主人であった増長院に対して「以後、五郎次郎とその妻子を匿《かくま》うことはいたしません」という趣旨の起請文を書かせることで、その場は引き払ったのである。

ところが、二七日になって、次郎五郎（五郎次郎とは別人）と五郎衛門という二人の男が、五郎次郎の処罰軽減の嘆願に現れたのである。おそらく彼らは日常的に五郎次郎と親しい交流をもっていた者たちで、五郎次郎に頼まれて東寺にやってきたのだろう。彼らは「こんどの盗人事件について五郎次郎が処罰されるのは、あまりに気の毒です。彼は、今回のことはまったく身に覚えがないといっております」と述べた。そして「こうなれば、湯起請で真実を明らかにしてください。そして、もしそこで彼の有罪が明らかになったならば、その場で処罰してもらって構いません。でも、万一無実ということになれば、東寺の境内での生活をこれまでどおりお許しください」と訴えたという。

さきの内本兵庫の場合と同様、この五郎次郎についても、日ごろの言動をもとに周囲からは、ほぼ真犯人にまちがいない人物とみなされていたようだ。しかし、ここでもそうした嫌疑濃厚な容疑者の側から湯起請の提案がなされているのである。おそらく、彼らも内本兵庫と同様、今回の事件を湯起請に持ち込むことで、あわよくば無罪を勝ち取ろうと考えていたのだろう。

しかし、そうした不純な魂胆が見透かされたのだろうか。彼らの嘆願に対する東寺の回答は、じつに素っ気ないものだった。「五郎次郎は今回にかぎらない素行不良者であるから、湯起請などをするまでもない」というのが、東寺の回答であった。けっきょく友人たち二人の哀訴嘆願もむなしく、五郎次郎の処罰に変更が加えられることはなかったのである。

このほか似たような事例を探すと、嘉吉元年（一四四一）閏九月には、京都の浄花院《じょうげいん》で落書が発見され、聖忻《せいきん》という僧の罪状が告発されている。聖忻の詳しい罪状は史料上からは不明だが、このときも聖忻はみずから湯起請が行われることを願い出ている（『建内記《けんないき》』）。この場合は、聖忻が実際に罪を犯していたかどうかまではわからないが、おそらく彼にしてみれば、そうでもいわなければ落書によって生まれた嫌疑を払拭することは不可能だったのだろう。

以上のように、犯人探し型湯起請の事例のなかには、状況が不利になった被疑者が、明らかに起死回生の一策として湯起請を提案している事例がまま見られるのである。

2　湯起請という「証拠」

困ったときの湯起請

前節で述べたような事態は、紛争解決型湯起請の場合も同様であった。そこでは訴訟が不利になっている側ほど湯起請を希望するという傾向が明らかに認められる。

たとえば、応永二四年（一四一七）一〇月の山城国の禅定寺と曾束荘の山相論の場合、最初に湯起請を提案したのは禅定寺の側だった。これに対して、曾束荘側は裁定者である摂関家に向けて「当方は数通の証拠文書を提出している。にもかかわらず、禅定寺側はいまだ一通の証拠文書も提出しておらず、ただ口頭で主張を展開しているだけである。まず証拠文書を提出させて、それでも本当に決着がつけられなければ湯起請を行うべきではないか」と湯起請採用に対する反対意見を述べている（「禅定寺文書」）。つまり、この相論の場合も、禅定寺側は自身の正当性を裏づける証拠文書を何ら用意できておらず、客観的には圧倒的に不利な立場にあった。むしろ、「まずは証拠文書の有無を明らかにしたうえで、それでも甲乙つけがたいのならば、湯起請を採用するべきだ」という曾束荘側の意見のほうが、私たちから見れば至極、真っ当な主張のように思える。しかし、興味深いことに、ここでも、そのように客観的な観点からすれば、明らかに情勢が不利な側から湯起請は提案されているのである。

また、永享一三年（一四四一）六月には、東寺で金銭貸借をめぐる相論が起きている（『鎮守八幡宮供僧評定引付』）。このトラブルのそもそもの原因は、東寺の乗南《じょうなん》という僧が、同じく東寺の荘園である上久世荘《かみくぜ》（現在の京都市南区）の百姓たちに金銭を貸し与えたことにある。しかし、百姓たちは、そのとき借りた金を、いつまで経ってもなかなか乗南に返済しなかった。そのため、しびれを切らした乗南はついに強硬手段に打って出る。彼は東寺の許可を得て、上久世荘から東寺に納められる年貢のうちから、さきに借金相当額を天引きして、それをもって百姓たちの借金の返済に充ててしまったのである。ところが、百姓たちの主張によれば、その事実は百姓たちにはまったく知らされていなかったらしい。そのため、百姓たちはその後、真面目に借金の返済を行い、領収書が発行されず、借用書も返還されないのを訝《いぶか》しく思いながらも、けっきょく元金・利子ともに全額返済してしまったのだという。当然、やがて自分たちが二重払いしていたことを知った百姓たちは、乗南の詐欺行為を東寺に告発した、というわけである。

しかし、この百姓たちの証言を乗南は真っ向から否定した。自分は二重取りなどしていない、というのが乗南の主張であった。こうなると、百姓たちの主張のほうが断然弱い。なぜなら、百姓たちの手元には二重払いを証明したくとも、乗南からの領収書は何一つなかった。彼らの主張には証拠による裏づけが何一つなかったのである。これでは気の毒だが百姓たちに勝ち目はない。ところが、この百姓たちが持ち出してきたのが、例によって湯起請なのである。彼らは、ここでも自身の劣勢を克服するための最後の手段として、湯起請の採用を提案してきたのである（なお、この相論の結末は次章で詳しく述べる）。

また、これまで見てきた事例のなかでも、七二頁で紹介した摂津国輪田荘をめぐる九条家と代官赤松氏の相論では、代官職を剝奪されそうになった赤松氏の側が、どう考えても荒唐無稽としかいいようのない「そもそも輪田荘は九条家領ではない」という主張を苦し紛れに展開していた。もちろん、それを裏づける証拠書類があるわけもなく、そうなると赤松氏は、やはり湯起請を率先して提案し、それを勝手に夜中に関係者だけで実行してしまっているのである。

音声と文書

よく子供同士の口ゲンカなどを見ていると、理屈で負けそうになった側が、ジャンケンによる解決を提案するという滑稽な光景に出くわすことがある。「論理」に依拠した勝負では相手にかなわなくなったので、問題を「運」に依拠した勝負へとすり替えることで、勝ち目を見出そうとしているのだろう。子供同士のケンカなら微笑ましいともいえようが、いい大人がそれをやるとなれば、これはかなり稚拙な手口である。あるいは読者のなかには、これまで見てきた室町時代人の湯起請提案も、どこかそれに似たところがあると思われた方がいるかもしれない。

ただ、当時の人々の紛争と現代の子供のケンカを安易に同一視するのは危険である。たしかに赤松氏のように、どう見ても無理のある自身の主張を強引に押し通そうとするときの武器として、湯起請を利用しようとする者がいたのは事実である。しかし、ここで湯起請を切望している多くの人々は、決して何の根拠もなく裁判を起こしたわけでもなければ、理由なく劣勢にあったわけでもないことは、十分に考慮される必要があるだろう。

というのも、これまでの事例を見てもわかるとおり、彼らが裁判で劣勢に立っている理由は、彼らの主張が一様に「口頭」でしか裏づけられず、「文書」や「物証」によって裏づけられないものであるという点にあった。このように、湯起請を希望する側が、「文書」や「物証」などの証拠を重視する立場からすれば、しばしば圧倒的な弱者であるという事実は、彼らが湯起請に期待したものを探る際に重要なヒントを与えてくれる。

消えた難破船

室町後期のある日、出雲《いずも》国杵《き》築浦《づきうら》（現在の島根県出雲市）に漂着したはずの難破船の行方が忽然とわからなくなるという不思議な事件が起きている。この時代、漂着船のことを「寄《より》船《ぶね》」、漂流物のことを「寄物《よりもの》」とよんでいるが、そうした寄船・寄物は、流れ着いた浜の土地の者たちのものとなるという慣習法が中世社会には広く存在していた。これを当時の人々は「寄船の法」とか「寄物の法」などとよんでいる。ただ、船の場合、必ず元の持ち主があるわけだから、そうした人々が自分たちの所有権を主張して、彼らとのあいだに紛争が起きることも多々あった。また、当時の漁民たちのなかには、まだ沈んでもいない船を漂着船とみなして、その船に積まれた物品や船体自体を奪取してしまう者たちもいたようだ。こうなると、ほとんどやっていることは海賊とかわらない（ちなみに、こうした荒っぽい慣習法は近世以降も隠微に生き続けていた。吉村昭の歴史小説『破船』は、この慣習法を題材にして近世の村落社会を描き出した佳作である）。

きっと、このときの難破船についても、漂着した先である杵築浦の人々が「寄船の法」に基づき、ひそかに隠匿してしまっていたに違いない。しかし、彼らが勝手に難破船を奪取してしまったという情報は、いつしか「証人」によって出雲守護である京極生観《きょうごくしょうかんにゅうどう》入道の耳にまで届いてしまったようだ。そこで京極生観は、配下の郡奉行に命じて杵築浦の住人を厳しく追及した。すると、ここでも住人たちは、漂着船など知らないという自分たちの主張に偽りがないことを「湯誓文《ゆせいもん》」（湯起請）をもって証明するといい出している。

これを聞いた京極のコメントが興味深い。京極は「証人分明たるにより、かくのごとく申し候か」と述べて、住人たちにとって不利な証人の存在が明らかであるから、彼らは湯起請なんてことをいい出したのではないか、とかえって住人たちへの不信感を強めているのである（「出雲国造家《こくそうけ》文書」）。この京極の発言に明らかなように、すでに当時から湯起請は証人や証書などを重視する立場からすれば到底通りえない主張をする側が、それを打破する目的で提案するものとみなされていたらしい。証人に対する対抗策として湯起請を提案するというのは、当時、かなり一般化していた訴訟戦略だったのかもしれない。

価値基準の一大転換

読者のなかには、裁判である以上、口頭だけの証言などよりも、証書や証人・物証に重点を置くのは当たり前だと思われる方もいるかもしれない。しかし、それは私たち現代人の考え方である。そもそも中世の在地社会においては、私たちが想像する以上に、口頭による契約や保証の世界が広がっていたらしい。そして、それらは当時において文書による契約や保証と同等か、あるいはそれ以上の価値が認められていたらしいのである。たとえば、中世前期の荘園や村落の境界争いの裁判では、しばしば土地の「古老」が召喚され、彼らの記憶が文書をしのぐ重要な「証拠」として公的な法廷で認められていた。また、とかく権利関係が不安定な商人・職人の世界でも、彼らのナワバリをめぐっては口伝や慣習に重大な価値が認められていた。そうした音声の世界を尊重する当時の社会常識に照らせば、口頭でしか主張を展開できない彼らの主張を一概に荒唐無稽なものとして斥けることはできない。彼らの主張は同時代においては、それなりの裏づけをもっていたのである。

しかし、まさに、この一四〜一五世紀あたりから、当時の人々の意識に大きな変化が生まれはじめる。それ以前にも鎌倉幕府など公権力の法のなかには文書による証拠を重視するという傾向を見ることはできるが、そうした証拠主義ともいうべき規範意識が徐々に広い社会階層で受け入れられはじめたのである。たとえば、それまでは地域の権利関係や規範の確認には「古老」の記憶が重視されていたが、この時期にはそれにかわり、村ごとに成文化された「村掟《むらおきて》」が定められるようになってゆく。また、商人・職人の世界でも、この頃から積極的に自分たちの由緒を捏造した「偽文書」が作成されるようになってゆく。これらはすべて、権利関係や規範が文書によって証明される時代が到来したために、それに対応して、それまで自分たちが記憶や慣習や伝説として保持してきたものを成文化しようとした動きといえるだろう。

おそらく、その背景には社会全体の識字能力の向上や地域権力が審理に積極的に証拠主義を採用したことなどが要因としてあったと考えられる。が、いずれにしても、中世後期の在地社会では、音声による証言や記憶よりも、次第に証書や物証や第三者証人による証拠を重視する「合理的」な方法が確実に浸透しはじめていたのである。とくにこの時期の、音声よりも文書を重視する傾向については、歴史研究者は、これに「音声主義から文書主義への価値基準の転換」という大きな評価を与えている（ただし、厳密な時期設定や、それが近代に順接するものか否かについては、研究者のあいだでも意見の相違がある）。

しかし、そうなると、これまで口頭や記憶だけで自身の権利を保持してきた人々は大変である。価値基準の転換という一大事件の前に、彼らは自身の権利を保証するものを失ってしまったことになる。そこに、もし何らかの証書を所持した者が競合者として立ち現れた場合、彼らに到底、勝ち目はない。実際、この時期、社会のあちこちで、そうした紛争が立て続けに起こっている。つまり、湯起請の採用を希望した者たちというのは、それまでの社会であったならば何の問題もなかったはずが、そうした価値基準の転換の前に、一転して弱者とされてしまった者たちだったのである。そうした者たちにとって、湯起請とはまさに最後に残された選択肢だったといえよう。

徳政一揆と湯起請

これと大変よく似た経緯を、同じ室町時代の社会に頻発した徳政《とくせい》一揆にも見ることができる。徳政一揆とは、債務や売買の破棄を主張して、債務者や売却者が強制的・集団的に行う物権の奪還行為である。つまり、一度、質入れしたり、売却したはずのモノを、本来の持ち主が無償か、きわめて安い価格で勝手に取り戻すという、現代社会ではおよそ考えられない異常行為が、中世社会には慣行として堂々と行われていたのである。実際、室町中期以降、京都周辺の村落は毎年のように徳政一揆を起こし、京都の金融業者（土倉《どそう》・酒屋《さかや》）への襲撃を繰り返していた。

しかし、そうした行為が平然と行われていた背景には、当時の人々が、どうも売買や貸借を必ずしも一般的なものとは考えていなかったという事情があったらしい。彼らにはまだ売買観念が未成熟で、売買や貸借によってモノが本来の持ち主のもとから移動している状態のほうが、むしろ異常な状態であると考えていたようだ。だから、何かのきっかけさえあれば、人々はモノが本来の持ち主に戻るのが当然だと考えていた。これが徳政一揆を支えていた中世の人々の心性だったらしい。

ただ、そう考えたとしても、徳政一揆が室町中期以降に集中的に出現する理由には、また別の説明が必要となるだろう。そもそもモノが本来の持ち主に戻るのが本当に当たり前だったならば、なにも人々は集団で一揆など起こす必要はないはずである。なのに、なぜ人々は徳政一揆を起こさなければならなかったのだろう。

じつは一五世紀という時代は、売買や貸借によるモノの移動は「一時の仮の姿」という思想がある一方で、確実に現代に通じる売買契約観念が成熟しはじめていた時代だった。つまり、当時、一般の人々のあいだにも、金銭契約は法律的な手続きに則って適切に履行されるのが望ましい、という考え方が徐々に芽生えつつあったのである。借りた金が返せないなら、質物は流されてしまうのが当たり前――。一度、売ったモノを後で返してくれというなんて、虫がよすぎる――。流通経済の発達にともなって、それに支障をきたす「徳政」の思想は、次第に人々から敬遠されるようになっていった。一五世紀という時代は、法観念の面だけではなく、こうした経済観念の面でも社会全体で大きな変化のうねりが見られた時代だったのだ。

しかし、そうなると、モノを手放した後も自身の潜在的な所有権を信じ、いつの日かモノは戻ってくると期待していた人々の旗色は俄然《がぜん》、悪くなってしまう。さきに音声主義に拠っていた人々が文書主義の浸透とともに後ろ盾を失ってしまったように。

そんな彼らが社会全体の大きな潮流に反抗して集団的に実行したのが、まさに徳政一揆だった。つまり、徳政一揆はモノが戻るのが常識だった時代の産物ではなく、むしろモノが戻るのが次第に難しくなっていく時代にあって、旧来の慣行を維持しようとする人々によって生み出された反動的な現象だったのである。この点で、湯起請と徳政一揆は非常によく似た現象だったといえるだろう。

「証拠」とは何か

徳政一揆はともかくとして、いずれにしても当時の人々は次第に社会に浸透してゆく証拠主義に対する反動として、湯起請を持ち出してきたことになる。しかし、それにしても、いくら証拠が出せないからといって、湯起請を提案するというのは、現代人の感覚からすれば、かなり乱暴な印象を受ける。それは私たちには、ほとんど裁判制度の根幹を否定する行為のようにも思える。そこで、ここでもう一点、彼らの立場を弁護しておこう。

　ここで忘れてはならないのは、洋の東西を問わず、そもそも長い裁判の歴史のなかでは、神判によって身の証《あか》しを立てることも立派な「証拠」と判断されていたという歴史的事実である。そこでの「証拠」は、もちろん、事件の「真実」がどうであったか、ということを語る「証拠」ではなく、その人のいうことが信用するに足るかどうか、を明らかにする「証拠」であった。その次元の違う二つの「証拠」は、前近代の社会においては等価値のものと考えられており、ヨーロッパ中世の裁判においては、まず最初に何をもって裁判の「証拠」と定めるか、を明らかにする「証拠判決」なるものがなされたぐらいである。そのうえで、そこで定められた「証拠」に基づき判決が下されることになるのだが、その判決は別の次元の「証拠」に基づけば、まったく逆の判決になる可能性も秘めていた。ヨーロッパ中世の裁判判決では、そうした可能性もつねに織り込まれていたため、しばしば「二枚舌判決」と形容されることになる。

　以上のような前近代社会の「証拠」の多元的な実態を踏まえれば、ここで湯起請を提案している人々の主張はあながち乱暴なものではないことがわかるだろう。彼らは裁判の位相を、両当事者間の主張のなかからある事実を客観的に確定することではなく、異なる主張をする両者のうち、どちらの側が信頼に値するかを判断するものへと転換させようとしただけのことなのである。

むしろ、契約文書の存在や凶器の発見は事件の真相を客観的に明らかにすることには役立っても、被疑者の人格が信頼に足るものかどうかを証明するものとはならない。それを明らかにするのには、神判ほど最適な「証拠」はなかったのである。その点で、二つの「証拠」は等価値どころか、場合によっては神判のほうがより「真実」を明らかにできる「証拠」だったとすらいえる。

いずれにしても、狭い意味での証拠主義が浸透してゆく時代風潮のなかで、犯人探し型・紛争解決型を問わず、それに馴染めない者たちが最後に依拠する便法として湯起請はあった。湯起請は狭義の証拠主義に抵抗しようとする人々が依《よ》るべき最後の砦《とりで》だったのである。しかし、一五世紀から一六世紀にかけて、時代の流れは否が応でも狭義の証拠主義へと向かってゆく。そんななかで、人々が湯起請というかたちでそれに抗することができるのは、所詮一時期のことでしかない。けっきょく湯起請の大流行は、ほぼ一〇〇年ほどで終息してしまうことになるが、その理由の一端は、そのへんの事情にあったのかもしれない。湯起請は、社会に狭義の証拠主義が定着しはじめたときに、その対抗策として価値を見出されるも、やがて湯起請をもってしても新たな流れに抗しえないことが明らかになったとき、その役割を終え、早々に表舞台から撤収していったのである。

以上、本章では、湯起請を率先して希望する人々の意識を探るとともに、湯起請流行の背景、またその終息の理由まで考えてみた。しかし、当時の人々が湯起請に期待した役割は、これに尽きるものではない。次章では湯起請に積極的な姿勢を示した為政者側の意識を探ることで、この問題をさらに多面的に考えてみたい。

第五章　恐怖政治のなかの湯起請

1　湯起請の誘惑

足利義教と湯起請

湯起請の歴史のなかで、よくも悪くも画期となった人物が室町幕府六代将軍の足利義教である。彼は湯起請や鬮取《くじと》りなどの神判を偏愛し、トラブル処理のために、何かというと神判を持ち出して、湯起請大流行のきっかけをつくった。彼が室町幕府に君臨した一三年間（一四二八～四一）に、彼の意志によって執行されようとした湯起請は計一五例にものぼる。

とりわけ、彼の時代の室町幕府では、亭子院《ていじいん》（下京）と成仏寺《じょうぶつじ》（上京）という洛中《らくちゅう》の二ヶ所の寺院が湯起請を執行する公的な場として定められており、湯起請は幕府の法制度のなかに明確にその位置を与えられていた（義教が亭子院と成仏寺をそれぞれどのように使い分けていたのかは、はっきりしない。亭子院での執行は永享三年〔一四三一〕と同四年に計三例確認でき、成仏寺での執行は永享八年に二例確認できるから、義教政権の前期は亭子院で、後期は成仏寺だったのかもしれない。また、亭子院の三例は京都における犯人探し型湯起請で、成仏寺の二例は京都以外の土地での紛争解決型湯起請であることから、二ヶ所が事件の性格によって使い分けられていた可能性も否定できない）。

では、いったい彼は湯起請にどんなメリットを感じて、それを多用していたのだろうか？また義教にかぎらず、この時期の為政者が率先して湯起請を採用しようとする例は数多い。これまで共同体・当事者と、それぞれの視点から湯起請の機能を考えてきたが、最後に本章では為政者の立場から、湯起請に期待された役割を考えてみることにしよう。

白か黒か

前章で、永享一三年（一四四一）六月の東寺僧乗南と上久世荘の百姓のあいだで起きた金銭貸借をめぐるトラブルを紹介したのを覚えているだろうか（九六頁）。これは直接には為政者が主導した湯起請ではないが、その経緯を記した史料からは、当時の人々が湯起請をどのような特徴をもつものと考えていたかをうかがうことができる。まずは、このトラブルの結末を追ってみることにしよう。

さきにも触れたとおり、このトラブルは借金返済を証明するものをもたない百姓側が、積極的に湯起請の実施を求めて訴訟を起こすという性格のものであった。そこで、訴訟を持ち込まれた東寺の側では、湯起請を採用するか否かで、侃々諤々、議論が交わされることになった。しかし、その場では、けっきょく百姓たちの提案は斥けられ、湯起請の採用は見送られることとなった。

その最大の理由は「湯起請文におよばば、少分事《しょうぶんごと》において、両方に一方は必ず必ず罪科遁《のが》るべからず」、あるいは「かの面々、両方の間に一方は、必ず必ず生涯におよぶべく候。言語道断、不便《ふびん》至極かと存じ候」というものだった。すなわち、ささいな金銭トラブルとはいえ、湯起請を行ってしまえば、必ず当事者二人のうち一人が罪科を蒙《こうむ》ることになる、これはあまりに不憫《ふびん》である、という趣旨である。この意見が通った結果、このトラブルには「中分《ちゅうぶん》の儀」が採用されることになった。

「中分の儀」とは、つまり「足して二で割る」解決策。この場合でいえば、百姓たちが余計に支払わされたと主張する金額を三等分して、一分を百姓たちが負担したかたちにし、一分を東寺が負担、一分を乗南が負担し、それぞれ百姓たちに返弁したのである。おそらく現実には百姓か乗南のどちらかが嘘をついているはずなのだが、東寺はその判定が難しいことを悟り、真相糺明を諦《あきら》め、被害者・加害者・裁定者の三者が同等の負担をするかたちで「痛み分け」の決着を図ったわけである。

これは、まるで江戸時代の名奉行大岡忠相《ただすけ》が行ったとされる有名な「三方一両損」そっくりな結末である。「三方一両損」の逸話については、大岡忠相の実話ではなく、京都所司代の板倉勝重《いたくらかつしげ》の逸話（『板倉政要』）をベースにして創作されたものとされている（辻達也編『大岡政談』参照）。しかし、このエピソードに明らかなように、「三方一両損」に持ち込んで

「痛み分け」を良しとする意識は、すでに中世社会にも存在していたのである（このことは日本人の伝統的法意識を考えるとき、神判の問題以上に留意されるべきことのように思う）。けっきょく東寺は湯起請によって白黒をはっきりさせることを回避し、そうした「痛み分け」の意識を優先させることで、事態を丸く収めようとしたのである。

しかし、ここで注目したいのは、人々が湯起請の問題点として、何より必ず正邪が明らかになってしまうことを挙げているという点である。同様の意識は、別の史料からも確認することができる。たとえば、文明一四年（一四八二）、伊勢国長松御厨《ながまつのみくりや》（現在の三重県四日市市）野美名《のみみよう》などの領有をめぐって、山田《やまだ》広徳寺《こうとくじ》と長松為経《ためつね》・為延《ためのぶ》親子のあいだに泥沼の訴訟争いが起きている。最終的に相論は、翌年八月に伊勢神宮の外宮《げくう》と門前住人の自治組織である山田三方《さんぼう》が仲介して、宇治五日市場辺において双方が湯起請を行い、それで決着をつけることとなった。ただ、このとき、この泥沼の訴訟に巻き込まれてしまった内宮《ないくう》長官の荒木田《あらきだ》氏経《うじつね》は、湯起請の採用を積極的に提案してはいたものの、その一方で「失について一方は必ず身を失う事にて候ほどに、人聞《ひとぎき》・恥、然るべからざる事に候」（失が出れば一方は必ずその立場を失うことになるので、外聞が悪いことである）と述べて、安易な湯起請の採用には躊躇も示している（『内宮引付』）。

第二章で確認したとおり、現実の湯起請は引き分けになる確率も決して低くはなかったのだが、当時の人々は湯起請をすれば白か黒か、かなり明快に結論が出されてしまうと考え、それを湯起請の大きな特徴と考えていたようだ。たしかに三方一両損の「中分の儀」などに比べれば、真偽はともかく、湯起請のほうがはるかに明快に正邪が判明してしまう。また、第一章の最後でも指摘したように、同じ神判である参籠起請と比べても、参籠起請が七日間以上の参籠期間を必要とするのに対して、湯起請は早ければ一瞬で勝負が明らかになり、遅くともその参籠期間は一般的に三日間で終わる。これらの点からも、湯起請の速決性・単純明快性は明らかだろう。それをよいことと考えるか、悪いことと考えるかはともかく、いずれにしても簡単に白黒がつけられ、早急に秩序回復を図ることができるという点こそが、当時の人々が考えた湯起請の一大特徴なのであった。

湯起請推進意見

なお、問題の「三方一両損」に終わった東寺での金銭貸借紛争の議論の過程を仔細《しさい》に見てゆくと、一方でもっと明確に湯起請採用に賛成する言説も見ることができる。それは「向後《きょうこう》、傍輩《ほうばい》のため、もつともかくのごとき儀あらざれば、正体あるべからず」というものであった。今後、他の寺僧や百姓たちへの体面を考えても、湯起請を行わなければ寺内の秩序を保つことができない、という趣旨である。真偽はどうあれ湯起請によって犯人が特定されれば事件は一件落着するということと、湯起請の威圧的効果が今後の犯罪予防に役立つということを期待しての意見だろう。似たような主張はやはり別の史料にも見ることができ、これは、一方で当時において湯起請の長所を物語る代表的な言説であったようだ。しかし、考えてみれば、この湯起請の長所とされる点は、さきに述べた湯起請の問題点とされたものと、見方をかえて同じ事実をさしているだけともいえる。

つまり、単純明快であるがゆえに、ひとたび湯起請を行ってしまえば、真実がどうあれ、誰の目にも白黒が明らかになってしまう。「痛み分け」を良しとする一部の人々は、これをあまりに過激であると考えた。しかし、そうして即座にトラブルを解決してしまえば、以後も同種の忌まわしい犯罪や紛争に煩わされることがなくなる。湯起請の採用に積極的な人々は、逆にこの点を湯起請の長所と考えていたのである。

2　湯起請と専制政治

湯起請を阻止せよ

以上の点を踏まえて、ここで具体的な為政者主導の湯起請のエピソードを追ってみることにしよう。

話は、寛正《かんしょう》五年（一四六四）一〇月、奈良郊外の古市《ふるいち》（現在の奈良市古市町）という町で起こった事件である。この古市という町には、代々、古市氏という国人《こくじん》（地元の有力者のこと）が本拠を構えていた。その古市氏の館のなかで、一〇月一日、「矢ハキ」という名前のついた刀が盗まれてしまう。よほど貴重な刀だったのだろうか。月末になっても犯人が捕まらないことに苛立った古市家の当主、古市胤栄《いんえい》は、ついに犯人探しのために湯起請の実行を決意する（このとき彼はまだ元服前で、正確には春藤丸とよばれていた。以下では、元服後の胤栄で統一する）。彼は古市の鎮守（現在の御前原石立命《みさきはらいわたてのみこと》神社か）に男巫をよび、湯を沸かさせ、そこに多くの人々を強制的に召集し、湯起請をさせようとしたのである。

しかし、たかが刀一本のことで湯起請をさせられるのはたまらない。とくに、この古市胤栄の湯起請には、彼の一族や家臣たちのあいだから不満の声があがった。このとき古市の町には、かつて興福寺《こうふくじ》の大乗院門跡を務めた経覚《きょうがく》という一人の老僧が住んでいた。彼は、永享一〇年（一四三八）、四四歳のときに将軍義教の勘気に触れ、門跡の地位を失い、義教の死後、奈良の鬼薗山《きおんやま》城に籠《こも》って再起を図るも、五一歳の文安二年（一四四五）にはその城も落城し、没落するという、僧侶としては稀有なほど波瀾《はらん》の人生を送った人物だった。しかし、その彼も文安四年（一四四七）以降は、この土地で古市氏を頼っておとなしく余生を過ごし、すでに険《けん》もとれ、年齢も七〇歳となっていた（この事件の一連の経緯も、彼の日記『経覚私要《きょうがくしよう》鈔《しょう》』をもとに事実関係を復元したものである）。彼は没落したとはいえ元門跡ということもあって、この土地の人々からは特別な信頼を寄せられていた。そこで古市氏の一族・家臣は、そんな地域の「御意見番」である経覚を動かして、どうにか胤栄に湯起請を思いとどまらせようと考えた。

内々に家臣団からの嘆願を受けた経覚は、湯起請開催予定日の前夜、もはやぎりぎりというタイミングで胤栄に対して、数回にわたる文書で説得を試みる。しかし、残念ながら胤栄からの回答は「政道の儀、かくの如きの沙汰なくんば、止むことあるべからず」というものだった。湯起請を実施しなければ、類似の事件がまた起きてしまう、強引にでも湯起請を行うことで、同種の犯罪を撲滅することができるのだ、という彼の意見は、さきに見たように湯起請推進派の唱える典型的な言説だった。

胤栄の決意が固いことを悟った経覚は、仕方なく一度は説得を断念する。しかし、そんな彼に、なおも古市氏家臣団は手を替え品を替え、胤栄に対する説得を継続するように嘆願する。そこで経覚は、翌朝、自分の身辺に仕える畑経胤《はたつねたね》と楠葉元次《くすばもとつぐ》という二人の人物を使者として胤栄のもとに派遣し、再度、湯起請中止の説得を試みる。しかし、もう、このとき鎮守では、湯起請の取り手が大勢集まってきてしまっていた。その大勢の人混みを見た二人の使者は、すでに時遅しと判断し、けっきょく説得を諦め、経覚のもとに帰ってきてしまう。仕方がない……。自分が出ていかないと収まりがつかないと思った経覚は、ここでついに重い腰をあげる。

七〇歳の元興福寺門跡の「御意見番」が、老体をおして、わざわざ湯起請の現場まで乗りこんできたのである。古市胤栄自身は神社の拝殿に着座し、いまにもはじまろうとしている湯起請を監督しようとしていたが、やはり経覚の出現には驚いたようだ。経覚も、自身のプライドを懸けて、渾身《こんしん》の説得を行ったらしい。そして、経覚の必死の説得の前に、さすがの胤栄もついに折れた。彼は土壇場になって湯起請の実施を断念し、そのかわり、その場の神判をただの参籠起請に切り替えることで矛を収めることにした。かくして、経覚の数度におよぶ説得が功を奏し、湯起請はすんでのところで回避されることになったのである。

悲劇の人

長い紹介になったが、以上が寛正五年に大和国の一国人が湯起請を実施しようとした事件の顚末である。では、こうして積極的に湯起請の実施を推し進めようとした古市胤栄という人物は、いったいどのような人物だったのだろうか。ここで彼の人生を振り返ってみよう。

胤栄の父、古市胤仙《いんせん》は、筒井《つつい》氏と並ぶ大和国の有力国人の一人で、当時、興福寺の支配から離れて独自の権力を打ち立てつつあった。しかし、その胤仙も享徳《きょうとく》二年（一四五三）に死去し、胤栄がその跡を継ぐことになる。胤栄の詳しい年齢は伝わっていないが、父胤仙が死去したとき、彼はまだ春藤丸という童名《どうみょう》を名乗っており、胤栄を名乗るようになるのは、ようやく寛正六年（一四六五）八月になってからのことである。大和国の国人は、他の地域とは異なり、みな原則的に興福寺の寺僧という立場なので、成人とともに出家して、胤仙や胤栄という僧侶のような法名《ほうみょう》を名乗ることになる。だから、もし胤栄を名乗ったのが一般的な一五歳の元服のときだとすれば、彼が家督を継いだのは、わずか三歳のときだったことになる。ただ、彼は家督継承直後から、名前こそ春藤丸と名乗っているものの、かなり自立した行動をとっており、実際の元服は二〇歳ぐらい、家督継承は八歳ぐらいだったのかもしれない。しかし、いずれにしても、まだ幼い少年に家政をとりしきることなどできるはずもない。古市家では彼にかわって重臣の山村胤慶《いんけい》という人物が代官として家政運営を担うことになっていた。

今回の湯起請の事件は、そんな彼がまだ春藤丸と名乗っている時期、胤栄と改名する一年前の出来事であった。元服時の年齢が二〇歳だとすれば、まだ一九歳ぐらいの頃の話である。ただ、ささいな盗難事件に目くじらを立てて、周囲の迷惑を顧みず執拗に湯起請を行おうとする彼の言動には、若さゆえの短絡とともに、あるいは新当主としての必要以上の気負いがあったのかもしれない。

事実、幼少から当主に祭りあげられながら、実質的な家政は周囲の者たちがとりしきる状態が長く続いたことで、彼の心のなかには思い通りにならないことに対する鬱屈《うっくつ》した思いが溜《た》めこまれていったようだ。湯起請事件後の彼の履歴を追ってみても、こんどのことにかぎらず、胤栄と家臣団とのあいだの軋轢《あつれき》を推測させる事件が立て続けに起きている。まず、文正《ぶんしょう》元年（一四六六）には、長らく胤栄にかわって古市家を支えてきた山村胤慶が胤栄と衝突し、山村が一時、古市家を去っている。また文明二年（一四七〇）には、古市家の一族・家臣二一名が大挙して遁世《とんせい》するという異常事態も起きている。これは明らかに胤栄に対する家臣団の集団的抗議行動だろう。

そして、ついに文明七年（一四七五）七月に胤栄はにわかに古市家の家督の座を下り、その座を弟の澄胤《ちょういん》に譲ることになる。さきほど推定した年齢に加算すれば、このときまだ彼は三〇歳という働き盛りだったはずである。この突然の家督交代劇の真の理由を直接に語る史料は存在しない。ただ、この二ヶ月前、古市氏は筒井氏らと合戦し、多数の戦死者を出す大惨敗を喫している。おそらく、このことが直接の引き金となり、胤栄は急速に家臣団の支持を失い、事実上、家臣団によって家督の座から引きずり降ろされたといったところが真相だったのではないだろうか。

室町時代という時代は、すでに述べたように、一人のカリスマ的なリーダーの意志で物事が決まるというよりも、横並びの集団のなかの共同意志が優先される時代だった。そのため、当時、専制的な志向をもちながらも、家臣団に阻まれて、それが貫徹できないという為政者が数多く現れた。そのなかには、自身の理想が現実に捻《ね》じ曲げられるなかで深く傷つき、精神に異常をきたしてしまう人物も決して珍しくはなかった。しかし、それにもめげず、一人の為政者が無理に我を通そうとすれば、家臣団との正面対決は避けられないことだった。ここで見た古市胤栄は、まさにその家臣団との正面対決の道を選び、脆《もろ》くも敗れ去っていった一人であり、この時代の為政者の一個の典型例でもあった。

湯起請偏愛

そうした古市胤栄が固執したのが、他ならぬ湯起請だったのである。ちなみに、さきの湯起請の一件から一五年後、すでに弟の古市澄胤が家督を継いでいた文明一一年（一四七九）五月にも、やはり古市氏の館のなかで太刀が紛失するという似たような事件が起きている（『大乗院寺社雑事記』）。そして、このときも当主の澄胤は、犯人探しのために湯起請の実施を指示している。しかし、じつはこのときの澄胤の実施決定は、当時、すでに隠居して「西《にし》方《かた》」（古市西）と称されていた兄胤栄と相談のうえで行われたものだったらしい。このときも最終的には大乗院門跡の尋尊《じんそん》の反対により、湯起請の実施は見送られているが、一度ならず二度までも、しかも隠居した後になってまで固執するとは、よほど胤栄は湯起請好きだったようである。

しかも、彼の場合、湯起請に頼るのは自分自身の家中の統制のためだけではなかった。胤栄は、さきに紹介した事例以外にも、文明六年（一四七四）六月、大和国添上《そえかみ》郡池田《いけだ》荘（現在の奈良市池田町）と井殿《いどの》荘（現在の大和郡山市井戸野町）のあいだの水路の帰属をめぐる相論に際して湯起請を提案している（『大乗院寺社雑事記』）。

この相論は池田荘の下司《げし》池田北氏と、井殿荘の下司十市《とおいち》氏のあいだで起きた相論で、双方は「生涯を懸け」て、まったく譲らず、あわや「明日合戦」というところまでにエスカレートしていた問題だった。ただ、一方でひとつの解決策として、当時、池田荘側が井殿荘側に代金を支払って水路を買い取るという調停案も示されてはいた。しかし、これに対して胤栄は「買徳の事は存外」であると突っぱね、あくまで「ただ湯起請の是非によるべし」「万一この起請に両共に失なくんば、相論地半分ずつ配分すべきなり」といい張っている。このとき胤栄は、あからさまに池田北氏を支援しており、みずからが支援する側の旗色が悪くなったのを見て、湯起請を提案したようだ。このように、胤栄はみずからの家中統制という対内的な事案だけではなく、みずからが半ば当事者となっている対外的な場でも、自分の都合のよいように湯起請を持ち出している。

義教の「神慮」

専制的な志向を胸に秘めながらも、周囲の事情によりそれが貫徹できず、最後は家臣によって葬り去られてしまうといえば、かの六代将軍足利義教も同じであった。彼は元の名を義《ぎ》円《えん》といい、三五歳になるまで青蓮院《しょうれんいん》門跡の門主を務める僧侶であった。それが兄義持の突然の死により、籤引きで将軍後継者に選ばれたのである。最初のうち、彼は「神慮」によって将軍に選ばれたという気負いもあり、歴代の室町将軍には例がないほど強い情熱と決断力をもって政務に臨んでいた。しかし、元来の身分が僧侶であったということもあって、武家のしきたりや、公家の先例故実には、彼はまったく無知だった。また、彼が将軍になったばかりの頃には、彼の周囲には三宝院満済《さんぼういんまんさい》や畠山満家《はたけやまみついえ》・山名《やまな》時熙《ときひろ》など、義持時代以来の歴々の重臣が控えており、義教も、しばらく彼らには頭が上がらなかった。そんななか、彼の情熱は空回りすることも少なくなかった。しかし、やがて彼は、みずからの意志が貫けない難事に対しては、鬮や湯起請といった「神慮」を持ち出すようになってゆく。古市胤栄と足利義教、二人は政治的な地位は大きく異なるが、ともに専制支配に湯起請を利用しようとしたという点で、奇妙なほどの共通点をもっている。

では、なぜ彼らは湯起請をそこまで偏愛したのだろうか。これまで義教が神判を好む理由については、彼自身が籤引きで選ばれた将軍であることから、そうした彼の複雑な経歴が彼自身に神秘主義的な傾向をもたせ、神判への過度な傾斜を生み出していったと説明されることが多かった。しかし、それは義教の場合には当てはまっても、古市胤栄の場合には当てはまらない。彼ら専制的な志向をもつ為政者が、当時、しばしば湯起請を多用した理由は、もっと別の観点から追究される必要があるだろう。

考えられるひとつの理由は、すでに述べたように、速決で白黒がつけられ、早急に秩序回復を図ることができるという、湯起請のもつ単純明快性・速決性である。当時、早急な秩序回復を行い自身の支配権を誇示しようとしていた彼らが、そこに利点を見出した可能性はきわめて高いだろう。

また、もうひとつの理由としては、さきに古市胤栄が荘園間紛争で自身が支援する国人のために湯起請を提案していた事例にも明らかなように、彼ら自身が紛争を自身に有利な方向にもってゆくためには、鬮や湯起請が好都合だったという事情もある。

たとえば義教の場合、永享五年（一四三三）一〇月に、後小松上皇の死去にともない、その死を諒闇《りょうあん》（天皇の服する喪のうち、最も重いもの）として扱うか否かが議論されるということがあった。ただ、生前から後小松上皇に悪感情をもっていた義教は、どうも後小松の死を諒闇として扱いたくなかったらしい。しかし、後小松自身の遺言や、当時の室町幕府の置かれた政治的な立場から考えれば、これを諒闇とするのが当然であった。事実、当時の幕府内きっての良識派であった三宝院満済は、義教から意見を求められると、諒闇とするのが「室町殿様のおんため、何より然るべしと存じ候」と即答している。そこで義教は、こうした反対意見を封じるため、こうしたことは「凡慮」（人間の愚かな思考）では計らいがたいとして、鬮によって「神慮」を問おうといい出したのである。ただ、義教にとっては残念なことに、このときの鬮は裏目に出て、けっきょく後小松の死は諒闇とすることに決まってしまうのだが。

しかし、結果はともかく、ここで義教が自分にとって都合の悪い意見に「凡慮」というレッテルを貼って否定し、「神慮」を持ち出すことで、それへの対抗手段としようとしたことは明らかである。ここには前章で見た、論理的・証拠主義的に弱い側がしばしば湯起請を提案するというのと、同じ傾向を見てとることができる。状況を一定の方向に導きたいと考えながらも、多数の人々の正当な反対意見により、その意志が捻じ曲げられそうになったとき、彼ら独裁的な志向性のある為政者にとって「神慮」は、きわめて有効な武器だったのである。

おそらく彼らが必要以上に湯起請に傾斜した背景には、以上のような理由があったのだろう。為政者として真実はどうあれ速決明快な判決を下すこと。手ごわい反対意見を排斥し自身の意志を押し通すこと。この二点において、湯起請は大きな力を発揮した。しかも、ひとたび「神慮」を持ち出してしまえば、当時の社会において、それに正面から反対することは生易しいことではない。湯起請は為政者にとってみずからの政治判断の恣意性・専制性を隠《いん》蔽《ぺい》するための手段としての意味ももっていたのである。もちろん、そのようにして実現された政治とは、つまるところ独裁者による恐怖政治に他ならない。この時代、湯起請は、しばしば衆儀や一揆に抗して独裁者が恐怖政治を実現するための道具としても利用価値が認められていたのである。

3　湯起請と「中分の儀」

義教初期の湯起請

ただ、これまで義教の湯起請については、個別のエピソードが紹介されることはあっても、彼が具体的にどのような局面で、どのような意図をもって湯起請を採用していたのかは、必ずしも明らかにされてこなかった。そこで、義教の指示した湯起請の全事例を年次を追いながら一つ一つ確認してゆくことで、彼の神裁政治の時間的な変化を具体的に追跡してみたい。

義教が実施しようとした湯起請の事例で、最初のものは、正長二年（一四二九）七月の能《の》登《と》国志《し》雄《おの》保《ほ》（現在の石川県羽《は》咋《くい》郡宝《ほう》達《だつ》志《し》水《みず》町）の赤《あか》蔵《くら》山《やま》の草木苅取りをめぐる飯《いの》尾《お》重《しげ》清《きよ》と気《け》多《た》社《しゃ》の相論である（『永享元年日記』）。このときの相論では、飯尾重清の背後には彼の主人である斯波義淳《しばよしあつ》がついており、気多社の背後には能登国守護の畠山満慶《みつのり》がついており、彼らはそれぞれ幕府内で枢要な地位にある人物だった。しかも、双方のいい分は真っ向から対立しながらも、双方がともに主張を裏づける決定的な証拠を出せないままでいる状態で、容易に白黒がつけられるものではなかった。そのため、まだ将軍職に就いてから四ヶ月しか経っていない義教は、この相論の裁定を求められ、回答に窮してしまっている。この間、彼がしたことといえば、双方に対して「両方のいい分が食い違うものの、どちらも証拠が明瞭ではない。簡単に正邪を判定できないので、湯起請にするべきだろうか」と述べて、暗に示談を勧めたことぐらいであった。

さすがの義教も、その政権初期においては、まだ諸大名の顔色をうかがっている状態で、幕閣有力者が関わっているややこしい相論を専断的に裁許できるほどの決断力は持ち合わせていなかった。ここでの湯起請も、現実に実施を想定しているものではなく、まだ当事者を示談に向かわせるための方便としての意味しかもっていなかったのである。ちなみに、このときの相論は、最終的には赤蔵山を「中に置く」、つまりどちらの帰属ともせず、とりあえず収公し、現状凍結することで解決を見ている。

しかし、永享三年（一四三一）七月、洛中を人工的に飢饉《ききん》に陥れ、米価の吊《つ》り上げを画策した米商人たち六人に亭子院で湯起請をさせて、全員を「失」として処断したのを皮切りに、義教は湯起請を現実に多用しはじめる（『看聞日記』『満済准后《じゅごう》日記』）。同九月には、紀伊国一ノ宮、日前国懸《ひのくまくにかかす》神社（現在の和歌山市宮地区）の神官たちのあいだの所領相論に対しても、「両方のいい分がなお明瞭ではない以上、しっかりした使者を幕府から派遣して、神官たちを召集し、湯起請によって真偽を明らかにし、失の有無を報告せよ」という指示を発している（『御前落居奉書《ごぜんらつきよほうしょ》』）。

ただ、同一一月の近江国の甲賀《こうか》郡と蒲生《がもう》郡の郡境をめぐる法輪院《ほうりんいん》と正脈院《しょうみゃくいん》の相論では、義教のたびたびの湯起請の指示にもかかわらず、法輪院側の百姓が湯起請の場に参上しなかった（『御前落居記録』）。本来ならば、この事実だけをもって「不参の咎《とが》」あるいは「下知違背」として法輪院側を敗訴とすることもできた。しかし、このとき義教は「命令違反を理由にして処断を下すこともできるが、さらに真相を見きわめるために近江国守護に事情確認を行う」と、さらなる事実解明を命じている（その後、不参した法輪院側に不都合な事実が明らかになり、けっきょくこの相論は法輪院側の敗訴に終わる）。恐怖政治に湯起請を活用し、剛腕を振るったイメージのある義教だが、まだこの時点では湯起請への不参のみで裁許を下すには躊躇を示し、他の証拠を収集することで裁許を補強しているのは注目すべき点である。

暴走する「神慮」

　しかし、永享四年（一四三二）を迎えたあたりから、義教の湯起請は次第に見境がなくなってくる。この時期の湯起請の特徴は、微罪とも思える事柄に湯起請を適用しようとしている点にある。

　四月に石清水八幡宮が播磨《はりま》国西河合《にしかわい》（現在の兵庫県加西《かさい》市南東部）の神領を押領している二人の武士を告発したときは、三度の召喚にもかかわらず湯起請の場に現れなかった二人を、義教はすぐに処罰している（『御前落居記録』）。

　五月には、北野社の光園院乗慶《こうえんいんじょうけい》に対して、ある社僧が御手水《おちょうず》神事の秘儀の内容を知らないといって、その伝授を拒んだことについて、彼が本当に秘儀を知らないのかどうかを問うために亭子院で湯起請を行わせている（『満済准后日記』『北野社家日記』）。知らないものは知らないので湯起請によって白黒をつけようというのは、最初社僧側がいいだしたことなのだが、審理の過程では社僧の証言が圧倒的に有利だったらしい。しかし、これ以前、義教は、それまで北野社公文所・将軍家御師を務め北野社の実権を握ってきた松梅院禅能《しょうばいいんぜんのう》を個人的な感情から失脚させ、その後を光園院乗慶に委ねていた。このときの湯起請も、義教が贔屓《ひいき》にしている光園院が北野社内で孤立することを防ぐため、その反対派に対して加えられた政治的圧迫と考えられる。こうなると湯起請の濫用といわれても仕方ない事態である。

八月には、公家の四辻季保が後小松上皇の侍女と密通しているとの落書があり、その真偽をたしかめるために四辻季保の青侍《あおざむらい》と中間《ちゅうげん》の計三人に、やはり亭子院で湯起請を行わせている（ちなみに彼は、この八年前にもまったく同じ嫌疑をかけられている。三五頁参照）。このときは朝廷内部のスキャンダルであるということもあり、湯起請の失の確認を公家の万里小路《までのこうじ》時《とき》房《ふさ》・広橋兼郷《ひろはしかねさと》・飛鳥井雅世《あすかいまさよ》らに命じている。しかし、湯起請に公家が立ち会うことなどは前代未聞であり、それを嫌った勧修寺経成《かじゅうじつねしげ》などは仮病を使って、立ち会いをサボっている（『看聞日記』）。

また同じ八月には、山城国久世《くせ》郡寺田《てらだ》荘（現在の京都府城陽市）と富野《との》郷（同）の境界をめぐる相論で召喚途中に寺田荘の百姓が殺害されたことをめぐり、それが富野郷の領主小笠原《おがさわら》氏の代官の指示によるものか否かをめぐって湯起請が行われている。このとき代官は指の腹が白く焼けたため処罰されてしまっている（『御前落居記録』）。

翌永享五年（一四三三）六月には、京都の祇園社《ぎおんしゃ》神主代の僧が若党に殺害されるという事件が起きるが、このとき捕縛された若党は河野加賀入道の妻から依頼されての殺人であると供述する。というのも、この河野の妻は殺された僧侶の養子の実母で、僧侶が死ねば自分の子供に相続がなされると考えて、若党に殺害を依頼したらしい。そして八月になると、その夫である河野加賀入道にも当然ながら容疑がおよぶが、ここで加賀入道は湯起請を行い、その無実をみずから証明したようだ。すると、義教は九月になってから思い出したかのように、最初の供述をして現在入牢中である実行犯の若党も引っぱり出して、湯起請をさせるようにとの指示を出す。その結果は不明である（『満済准后日記』）。

「神慮」を超えて

ところが、この永享五年の事例の後、なぜかしばらく義教が湯起請を指示するという事例は確認できなくなる。現在、確認されるかぎり、次に義教が湯起請を指示する事例は、三年後の永享八年（一四三六）の事例である。この三年の間に、永享五年九月には畠山満家（六二歳）が没し、一〇月には後小松上皇（五七歳）、一二月には斯波義淳（三七歳）が没する。ついで永享七年六月には三宝院満済（五八歳）、七月には山名時熙（六九歳）が没するというように、義教にとって、かねて目のうえのコブであった人々が次々と病を得て世を去っている。これにより義教の暴走に歯止めをかける者はいなくなり、義教政治の独裁的な傾向は一段と強まってゆくことになる。しかし意外なことに、そうなると逆に湯起請の適用例は減ってゆくのである。

こうした事実に着目すると、やはり義教は湯起請を、とくにその政権前期、自身の意志があまり貫徹できなかった時期に多用していたということが指摘できそうである。さきに述べたとおり、専制政治を志向する為政者にとって湯起請は、みずからの政治判断の恣意性・専制性を隠蔽するための最良の道具だった。だから、うるさい重臣たちがいなくなり、自分の意志を自信をもって全面的に打ち出せる状態になったとき、義教はもはや「神慮」を必要としなくなったのである。誰に気兼ねもなくなり、すでに恣意的・専制的であることを隠蔽する必要すらなくなったとき、義教は湯起請を卒業したといえよう。

これ以後の義教が行った湯起請で、刑事的犯罪に対して行われたものは、永享九年五月の南禅寺《なんぜんじ》の賊党「賀副寺《ふうす》」に対するもの（「賀」は僧侶の名前の一文字、「副寺」は禅寺での役職名。『蔭涼軒日録《いんりようけんにちろく》』）や、同年七月に義教の意向に背いた医師坂胤能《さかいんのう》（三位房《さんみぼう》）に対するもの（『看聞日記』）、同一〇年三月に女犯《にょぼん》の罪を犯した赤松氏家人依藤《よりふじ》らに対するもの（同）の、わずか三例が確認できるぐらいである。

それ以外の事例としては、永享八年五月の近江国の観音寺（現在の滋賀県蒲生郡安土町《あづち》）と山前南荘《やまのまえみなみ》（現在の滋賀県東近江市）の山堺相論（『看聞日記』）、また同年同月の同じく近江国の小松荘と音羽荘打下の山堺相論（「伊藤家文書」）、同一一年六月のやはり近江国の田《た》上杣荘《なかみそま》（現在の滋賀県大津市田上里町周辺）と田上牧荘《たなかみまき》（現在の滋賀県大津市上田上牧町周辺）の山堺相論（「評定衆意見状」）に、それぞれ湯起請を実施している。

これら三例の湯起請は、いずれも近江国での村落・荘園レベルの山堺争いという特徴をもっているが、この時期、実際、京都近郊のあちこちで村落間や荘園間の山争いが頻発していた。その背景には、慢性的な低生産を打開するために農民たちが山林用益に着目したことや、京都の巨大消費地化にともない山林資源に大きな資産価値が認められるようになったこと、などの要因が考えられる。しかし、そもそも共同利用地であったり、無主地であったはずの山野に境界線を引くことは容易なことではなく、この手の問題に無理に公権力が介入するとかえって泥沼化する危険があった。この時期、すでに湯起請をあまり行わなくなっている義教ではあったが、こうした微妙な問題に対してだけは、なお湯起請が効果的であると判断したのだろう。

「引き分け」はどうする？

ただ、このうち観音寺と山前南荘の事例と、田上杣荘と田上牧荘の事例の二例については、困ったことに、湯起請の結果が「引き分け」になってしまっている。

永享八年の観音寺と山前南荘の相論では、五月に洛中の成仏寺で湯起請が行われた。このときの湯起請の様子は、山前南荘の領主が伏見宮家であったことから『看聞日記』に詳細に記録されている。それによれば、まず双方の古老百姓が上洛し成仏寺に出向き、鬮を引いて順番を決める。そして、このときは山前南荘側が先と決まったため、山前南荘の古老百姓の願阿《がんあ》という者が最初に湯起請を行うことになった。彼はまず起請文を書き、次にその起請文を焼いて残った灰を水に混ぜて呑み、そのうえで沸騰した湯のなかから石を取り出すべく、熱湯に手を差し入れる。ところが、このとき意外にも願阿は「やすやすと」石を取り上げ、その後、何の火傷も認められなかったのである。次に観音寺側の百姓も同様の手続きを経て、湯に手を入れる。観音寺側の百姓は、願阿が失なしとなってしまったことで、さすがに動揺し、「臆《おく》したる風情」だったらしい。しかし、その彼も、いとも簡単に石を取り上げてしまい、しかも同様に失は認められず、「無為」だったのである。何のことはない。きっと湯の温度が低かっただけなのだろう。

その後、「引き分け」となった二人の身柄は成仏寺に預けられ、三日間、経過観察を行うことになった。しかし、三日経っても彼らの身体に異常は認められず、これには立ち会った奉行人たちもほとほと困惑してしまった。やがて、湯起請の結果は義教に正直に報告されたが、やはり義教も判断に窮してしまう。逆に彼は当事者である伏見宮貞成に「こういう場合はどうしましょうか？　ともかくも伏見宮様のお考えに従います」と尋ねてしまう始末だった。尋ねられたほうの伏見宮も困っただろうが、とりあえず「審理を尽くしていただきましたことは、ありがたいかぎりです。両方ともに失がなかったということは中分にするべきでしょうか。ともかくも室町殿の御判断にお任せします」と無難に回答している。最終的に、この紛争の結末がどうなったかは明確ではないが、どうも伏見宮が提案した「中分」という線で落ち着いたようだ。

永享一一年（一四三九）の近江国の田上杣荘と田上牧荘の相論も同様である。このときは、さきの事例とは逆に両方ともに失が確認されてしまったという事例である。このときも義教は困惑し、配下の奉行人たちに意見諮問を行っている。奉行人たちによって書かれた意見状を見ると、奉行人たちもかなり困っていた様子がわかる。彼らは、火傷の軽重は双方の虚偽内容の軽重に比例しているはずだと述べて、だとすれば双方が火傷したということは、大なり小なり双方が虚偽を申したことに他ならないのだから、どちらの主張も認めるわけにはいかないとして、係争地を幕府が没収するという意見を述べている。

彼らの意見は循環論法《トートロジー》に陥っているところもあり、その直後に明徳《めいとく》年間（一三九〇～九四）の御教書《みぎょうしょ》に依拠するべきだと述べるなど、やや論理が破綻している。おそらく、それだけ彼ら法曹官僚の頭脳をもってしても、この問題の解釈は難しかったのだろう。それでも、どうにか彼らがたどりついた結論のひとつが、双方を罰する意味で、係争地を収公するという「喧嘩両成敗」の措置だった。客観的にはずいぶん乱暴な措置のように思えるかもしれないが、同様の行為を意味する「論ずる物は中から取れ」という諺《ことわざ》が室町時代にはあり、係争物件を調停者が管理凍結するという措置は、それなりに当時、広く受け入れられていたものだった。これも一種の「中分の儀」といえよう（詳しくは、拙著『喧嘩両成敗の誕生』を参照）。

以上、足利義教が関与した湯起請の全事例を概観してみた。その過程で明らかになったことを列記すると、①政権初期には義教も湯起請の運用に慎重であったこと、②湯起請濫用のピークは政権前期であり、義教の裁量権が拡大する政権後期には逆に湯起請を行わなくなること、③後期以降も裁許の難しい村落間・荘園間紛争には湯起請に頼る場合があったこと、などが挙げられる。

「神慮」と「中分」

しかし、何よりも注目すべきは、④専制的といわれる義教の湯起請においても、必ずしも「神慮」一辺倒ですべての処理がなされていたわけではなく、たびたび「中分の儀」による折中的な解決策が採用されているという点である。それは義教政権後期における二つの山堺相論の処理に最もよく表れているが、そもそも義教政権最初期の能登国での山堺相論からして、最終的には「中に置く」（現状凍結）という折中措置で解決している。義教の湯起請の歴史にも、つねに通奏低音としてついてまわり、ときには義教すらも主張を後退させなければならなかったのが、中世社会に深く根づいた「中分の儀」という法思想だったのである。

そもそも湯起請で引き分けになった場合、「中分の儀」に委ねるというのは、義教の場合にかぎらず、中世社会ではかなり一般的なことだった。文明一七年（一四八五）八月に守護畠山氏の法廷で湯起請がなされた紀伊国那賀《なが》郡の井上荘（現在の和歌山県紀の川市）内の長田《ながた》村と志野《しの》村の山相論でも、「両方手焼けず」という結果が出たために、やはり「中分」という裁決が下されている（『粉河寺《こかわじ》旧記（天英本）』「粉川寺方衆座文書」）。また、戦国大名六角《ろっかく》氏が定めたとされる法のなかでも、

一、右、起請の時、両方失なくば、その論所中分あるべし。

と、神判で両方に失が認められなければ、「論所」（係争地）は「中分」にするという取り決めがなされていた。

歴史教科書に出てくる「下地中分」（荘園領主側と地頭側で荘園を折半する行為）や「半済令」（荘園年貢の半分を武士が取得することを認めた法令）を挙げるまでもなく、中世社会において「折中の儀」や「中分の儀」とよばれるような「足して二で割る」紛争解決策は、かなり広い階層に説得力をもって受け入れられていた。すでに詳しく検討した東寺内での湯起請についての議論のなかでも、最終的には寺僧たちのなかでは湯起請のような過激な解決策は採用されず、足して二で割る「中分の儀」が選択されていた。当時の多くの人々にとっては湯起請よりも「中分の儀」のほうがはるかに支持できる紛争解決策だったのである。じつは古市胤栄が文明六年に荘園間紛争に介入したときにも、彼自身、「ただ湯起請の是非による

べし」といいながらも、「万一この起請に両共に失なくんば、相論地半分ずつ配分すべきなり」と述べている。湯起請によって明確な結論が出なかった場合は、係争地を当事者間で折半する、という文字どおりの「中分の儀」を、さすがの彼も否定はできなかったのだ。

いくつもの紛争解決法

独裁政治を目指した古市胤栄・足利義教は、けっきょくともに最後は家臣による反撃を受けて惨めな末路をたどることになる。古市胤栄は家臣団の気持ちが彼から離れてゆくなかで家督の座を退かざるをえなくなり、足利義教の場合は家臣の赤松満祐の邸宅に誘《おび》き出され謀殺されてしまう。彼らが「神慮」を味方につけてまでも目指そうとした世界は、そう簡単に実現できるものではなかったのである。

彼らの悲劇の原因は様々あるが、神判ということにかぎっていえば、彼ら自身が掲げた「神慮」が、彼らが思うほどには人々から無条件で支持されていなかったということが挙げられるだろう。たしかに湯起請の利点は同時代人に認識されてはいたが、それはあくまで当時の社会に数ある紛争解決法のひとつにすぎなかった。

現代の私たちならば、もし何らかのトラブルの当事者になってしまった場合、それを解決するためには警察権力や裁判所の力に頼るといったところが最も一般的な筋道だろう。しかし、そもそも中世社会においては、何らかのトラブルを解決しようとする場合、信じられないぐらい多くの選択肢が存在した。まず一番単純な選択肢としては、自身の腕力に頼って、報復に乗り出すという方法がありえた。これを「自力救済」とよぶが、これは中世社会にあっては必ずしも違法な行為とは考えられていなかった。だから、もし相手を完膚《かんぷ》なきまでに叩《たた》き潰《つぶ》す自信があるなら、これが一番手っ取り早いトラブル解決策といえるだろう。

いや、自分はちょっと腕に自信がないから……、という人ならば、「寄沙汰《よせざた》」という選択肢もある。これは自身の当事者としての権利を有力な第三者に譲ることで、その者の政治力で敵を打ち破るという方法である。さきの自力救済が直截《ちょくせつ》的な「暴力」だとすれば、これは「コネ」を使って相手を組み敷く手段だといえる。

また、そうした過激な正面衝突を避けようとする場合には、近辺の無関係の第三者を「中人《ちゅうにん》」（仲裁者）としてあいだに立てて、示談に持ち込む、という手もあった。現在でも、法廷闘争にもつれこむ以前に示談によって解決をみるトラブルは数多いが、中世社会でもそれは同様であった。史料に残る裁判沙汰の事例は、中世社会に生起したトラブルのうち、ほんの氷山の一角で、その背後には「中人」による示談で解決をみたトラブルが無数に存在したのではないかと、研究者のあいだでは考えられている。

しかし、それにも飽きたらず法廷での対決を志向した場合でも、そこから先の選択肢がまた多様であった。まず、中世社会では公家・武家・寺家・社家や村や町など様々な団体が独自の裁判権をもっていた。そのため訴訟当事者は、そのなかから自身にとって最も都合のいい裁判権者の法廷に駆け込めばよかったのである。

また、法廷のなかでも、必ずしも理非に基づく裁判だけが行われていたわけではなかった。両者の主張を足して二で割る「折中の法」「中分の儀」といった紛争解決策も選択肢としてありえたし、もちろん湯起請のような神判が採用されることも十分にありえた。

以上のように、中世社会における紛争解決策はきわめて多様であり、湯起請といえども、所詮そのうちのひとつの選択肢にすぎなかった。だからこそ、当時の人々も湯起請によって導き出された「神慮」を絶対視するようなこともなかったのだろう。関係者の多くがあまりに非合理的であると判断するような状況では、人々は湯起請の採用を慎重に諦め、「中分の儀」など別の紛争解決法を選択するのに躊躇はなかったのである。その点で、義教や胤栄が信奉していた湯起請は決して万能の利器ではなかった。

古市胤栄の湯起請採用に家中一同が反対し、最終的に湯起請の採用が見送られたのは、すでに見たとおりである。湯起請の速決明快性は誰の目にも明らかだが、むしろ、それがゆえに人々は湯起請が濫用されることを警戒しており、為政者による湯起請の採用にはつねに一定の歯止めがかけられていたのである。にもかかわらず湯起請を濫用する為政者の行く先にはもはや悲劇しか待ち受けていないことを、彼らはもっと早く気づくべきだったのかもしれない。

なぜ湯起請は消えたのか？

さらにいえば、政治判断を迫られたとき、みずからの意志や判断をストレートに打ち出せず、「神慮」を持ち出さざるをえなかったところが、何より、この時期の為政者たちの限界であった。このさきの戦国時代や江戸時代の為政者のように、彼らの意志や理非に基づく判断で裁許が行えるのならば、そもそも鬮取りや湯起請など不要なはずだろう。しかし、家臣団の集団意志（「衆儀」）がそれなりに尊重されていた室町時代においては、彼らは「神慮」に頼らなくては、反対意見を打破できなかったのである。彼らは湯起請を梃子《てこ》にすることで、「衆儀」と「専制」のパワーバランスを一挙に逆転させようと企てていたのだった。その意味で、為政者主導の湯起請は、為政者の権威がいまだ不安定で、「衆儀」と「専制」の相剋《そうこく》が見られた室町期に特有の現象であったといえる。湯起請が室町期の一〇〇年間のみに流行し、あとは一気に終息してしまう原因も、ひとつには、そうした社会構造に由来しているものと思われる。

第六章　そこに神はいるのか？

1　湯起請への不信

室町人の信心

これまで三章にわたって共同体・当事者・為政者の三者の立場から、室町時代の人々が湯起請に期待していたものを探ってきた。ここであらためて、当時、これら三者から期待されていた湯起請の役割を振り返ってみると、湯起請は（1）共同体にとっては異端排除あるいは治安維持の再確認の作業をあたかも恣意的・専制的ではないかのように見せるための役割をもっており、（2）一部の当事者にとっては自身の主張が恣意的なものではないかのように、反証拠主義的な立場から主張するための役割をもっており、（3）専制政治を志向する為政者にとっては単純明快な秩序回復策をあたかも恣意的・専制的でないかのように見せるための役割をもっていた、と位置づけることができる。

もちろん、当時における湯起請の役割はさらに多様で、決してこれに尽きるものではない（たとえば、第四章で紹介した「ハッタリ」としての効果など）。ただ、これまで漠然と中世人の篤い信仰心の産物と考えられてきた湯起請ではあるが、読者の多くは、これら三つの役割を概観しただけでも、むしろ当時の人々は「神慮」を敬っていたというよりも、「神慮」を利用して自身の利害を保持しようとしていたのではないか、という印象を受けたのではないだろうか。

では、そもそも彼ら自身は湯起請によって明らかにされる「神慮」をどこまで信じていたのだろうか。それは、本書をここまで読み進めてこられた読者が、おそらく最も気になるところなのではないだろうか。そこで本章では、これまでの事例を踏まえて、湯起請に傾倒した室町時代人が本当のところ、どこまで「神」を信じていたのか、という問題について、考えてみることにしたい。

伏見宮貞成の湯起請観

これまで見てきたいくつかの事例を思い出してもらっても察しがつくように、当時の人々は決して湯起請を無条件に信奉していたわけではなかった。たとえば永享三年（一四三一）、山城国伏見荘で盗犯の疑いをかけられた内本兵庫という侍が、みずから湯起請を望み、無罪を勝ち取ったという話は、すでに紹介した（八八頁）。内本兵庫の場合、当時の荘内での悪評や、その後に現実に盗みによって身を滅ぼしてしまうという顚末から考えても、周囲のほとんどの人々が彼を犯人と考えていたし、実際にそうだったと思われるケースである。ところが、追いつめられた彼は一発逆転を企て、みずから湯起請の実施を希望し、そこでみごとに火傷をまぬがれ、無罪となった。

これに対し、この湯起請の結果を日記に書き記した領主の伏見宮貞成は、どこか割り切れぬものを感じていたらしい。彼は日記の末尾に「神慮もっとも不審」と書いて、内本が無罪となった湯起請の結果に対して不信感を隠そうとしてはいない。しかもその翌月、他国で内本が盗みを犯し、ついに殺害されたと知るや、「ついに盗みで身を滅ぼしたか。思ったとおりだ」と、自身の見通しにまちがいがなかったことを再確認して、かなり満足気な感想を述べている。

また、彼の湯起請の結果に対する不信感は、別の機会にも表明されている。内本事件の翌年八月、後小松上皇の仙洞《せんとう》御所で公家の四辻季保と侍女との密通事件が起きている。このときは事情を知っているはずの四辻の青侍たち三人に湯起請が行われたが、その結果、彼らに失は見られなかった。これに対し伏見宮は「青侍もすこしは密通の事実を知っていたはずだろう。しかし、湯起請を書いて、その場では彼らに失は確認されなかった。神慮不審である」と、やはり述べている。これらの記述からも、少なくとも伏見宮貞成個人については、湯起請の結果をただ妄信していたわけではなく、合理的に考えて明らかにおかしな場合は、ときに違和感を表明することもあったことがうかがえる。

人事を尽くして「神慮」を待つ

また、応永三一年（一四二四）には、堺の念仏寺と摂津の住吉大社の間で大きなトラブルが起きている。この年の初め、念仏寺の五人の僧侶にひそかに妻がいることが発覚し、彼らに対して寺側から処分がなされた。ところが、この処分に納得しない五人の僧侶たちは住吉大社に泣きついて、自分たちに対する念仏寺の処分を覆そうと企てた。そもそも念仏寺は住吉大社の別宮である開口《あぐち》神社の神宮寺（付属寺院）であった。そのため、この五人の僧侶たちはより上位の権力を頼ることで名誉挽回《ばんかい》を図ったのである。この五人の意を受けて、やがて住吉大社は念仏寺に堂々たる介入をはじめる。そして、ついに二月には、五人の僧侶を処分した僧侶たち十数人全員の責任を問い、逆に彼らを寺内から追放し、坊舎まで破却してしまうという暴挙におよぶ。そうなると、行き場を失った念仏寺の僧侶たちは、五月、こんどは室町幕府に訴状を提出し、自分たちの処分にまちがいがなかったことを主張することになる（「開口神社文書」）。

このとき念仏寺僧たちは、五人が妻帯していたことは住吉大社の使節の前で彼らが白状したことであり、それは当初から住吉大社側も承知していたはずであるとして、一貫して五人に妻帯の事実があったことを訴えている。そのうえで彼らは、幕府の法廷で問題の五人を尋問して、「なお虚言をもつて陳じ申さば、訴論人ともに湯起請の沙汰におよび、その失に任せ御成敗あるべきか」(このうえまだ彼らが虚言を弄するならば、原告・被告双方に湯起請をさせて、その失の状況に応じて処罰をしていただきたい)と述べている。しかし、それに続けて彼らは「ただし、起請文の一段の事は、両方理非相半ばの時ども沙汰せらるべき事に候」とも述べている。つまり、湯起請などというものは、両方の理非が拮抗しているときに行われるべきものである、というのである。彼らにいわせれば、今回の場合は自分たちの主張は全面的に正しいのだから、わざわざ湯起請を行うまでもないのだ、といいたいわけである。なお、この事例の場合、最終的には彼らの希望どおり湯起請は行われなかったようである。

もちろん彼らがこうした主張をするのも、裁判権者に対して湯起請をも辞さないという強い決意を示すとともに、その一方で彼らが自分たちの主張の合理性に絶対の確信をもっており、湯起請などで勝負をつけられたのではかなわないと考えていたからに他ならない。ただ、そうした動機があるとはいえ、ここで念仏寺の僧侶たちの口から、かなり明確に湯起請の採用に限定を付する言説が展開されているのは見逃せない。彼らは、決して闇雲に湯起請を行うべきとは考えておらず、その採用は「両方理非相半ば」して、これ以上の判断ができないときにかぎってなされるべきものと考えていた。しかも、「～事に候」という、その口ぶりは決してその言説が彼らだけの特殊な考え方だったわけではなく、当時の社会一般に通用している〝常識〟であったかのようである。だとすれば、現実に湯起請をはじめとする神判が横行していた中世社会にあって、一方でこのような、神判の前にまず人事を尽くすべきであるという思想が存在していたことは、何より留意されるべきだろう。

実際、犯人探し型湯起請の事例を見ていても、当時から必ずしも湯起請の失のみで有罪が決められるわけではなかったようだ。それらの事例のなかには、しばしば湯起請の失に対し自白や物証で裏づけをとろうとしている事例も見受けられる。これらの点からも、当時の人々は決して無条件に「神慮」を信奉していたわけではなく、まずはできうるかぎり理非を究めようとしていたことはまちがいないだろう。

アンビバレントな感情

そうである以上、当然、理非を究めることなくむやみに湯起請を行うことは、当時から忌避されるところだった。応永一三年（一四〇六）七月、公家の山科家の邸内で盗難事件が起きている。しかも翌日、山科家がこの事件を陰陽師に占わせてみたところ、犯人は家中の者であるという衝撃的な結果が出た。そこで家中の者たちの間では評定が開かれ、結果、重臣たちを中心にして家中で犯人探しのために湯起請を実施しようということになった。しかし、これを聞いた当主の山科教言《のりとき》は難色を示し、「あまりに外聞しかるべからず。まず今日は延引すべし」という意見を述べて、湯起請の実施に待ったをかけている（『教言卿記』）。実際、教言の見通しは正しく、翌日には家中で犯人が捕縛され、湯起請を行うことなく事件は解決をみている。

この山科家で行われようとした湯起請の記事は、現在確認されるかぎり、湯起請に関する確実な最古の史料である。そのため、ここで山科教言が表明した湯起請に対する不快感は、まださほど一般に行われていない湯起請を、教言がことさらに胡散臭《うさんくさ》いものと考えたためとすることもできる。ただ、湯起請を忌避する「良識派」の人々からの発言は、以下のように、この後の史料にもしばしば確認することができる。

嘉吉元年(一四四一)閏九月には、京の浄花院で聖忻という僧を告発する落書が発見され、真偽の判断が湯起請によってなされようとしていた。しかし、このことを耳にした公家の万里小路時房も「事の儀、穏便ならず。老少無為しかるべき事なり」と述べて、湯起請の執行は「穏便なら」ざる行為であり、寺内の人々みんなが「無為」に収まるのを理想とするべきだと主張している(『建内記』)。

また、文明一〇年(一四七八)八月、奈良の大安寺《だいあんじ》鎮守八幡宮の祭りの際の座席位置をめぐって八条郷《はちじょう》(現在の奈良県磯城《しき》郡田原本《たわらもと》町)と東九条郷《とうくじょう》(現在の奈良市東九条町)が相論を起こしている。それぞれの由緒や先例を持ち出してくる双方の主張は完全に平行線で、どうにも決着がつきそうになかった。そこで、この問題は、一度は湯起請によって白黒をつけることになったのだが、ここでも「しかれども厳密の起請の事は、外聞実儀しかるべからず」、つまり大袈裟に湯起請を行うのは人聞きも悪いし、実質的にもあまりよいことではない、という判断がなされ、けっきょく実施は見送られている（『多聞院《たもんいん》日記』）。

これらの事例からも明らかなように、当時、湯起請は現実に多用されつつも、一方では、あくまで「外聞」を憚ることであり、「穏便なら」ざる行為であると考えられていたのである。とはいえ、当時の人々も「神慮」をまったく信じていなかったならば、そもそも湯起請など行うはずもない。その意味で、人々は心の半分で「神慮」を信じて湯起請を現実に多用しながらも、もう半分では、その「神慮」に懐疑的な目も向けていたのである。信心と不信心の奇妙なバランス、とでもいおうか。どうも室町時代の人々は、そうした両面価値的《アンビバレント》な感情を抱えながら湯起請を行っていたようである。

2　「曲がり角」の時代

中世から近世へ

ところで、日本人の宗教や信仰に対する考え方の変遷を探ろうとしたとき、中世から近世への移行期、すなわち一六世紀前後の、いわゆる戦国時代がひとつの画期となるであろうということは、これまでも様々な研究者によって指摘されてきた。この時期を境にしてわが国の歴史は、宗教や呪術が人々の価値観を大きく規定していた「中世」という時代から、合理的価値観に基づく人間中心主義の「近世」という時代へと、大きく転換したのである。

この転換は、たとえば政治制度ひとつにも顕著に表れている。中世社会では公家（朝廷）や武家（幕府）と並んで寺社（宗教勢力）が政治勢力として立派に独立した地位を与えられ、しかも「王法（政治）と仏法（宗教）は車の両輪である」との思想のもと、公・武・寺・社が一体となって国家権力を形成していた。しかし、近世社会では、一転して世俗権力である武家が寺社勢力を圧伏し、それを体制下に組み込んでしまうことになる。

たとえば有名なところでは、織田信長などは、そうした近世権力の特性を早熟に体現した人物の一人といえるだろう。彼が比叡山延暦寺《ひえいざんえんりゃくじ》を躊躇なく焼き打ちにし、一向一揆の弾圧に苛烈な姿勢で臨んだことは、小説やドラマなどを介して一般にもよく知られている事実である。彼の偏執的ともいえる宗教勢力に対する過剰な攻撃は、王法と仏法が不可分に支えあうことで「マツリゴト」を形成すると信じていた中世までの為政者には、およそ思いもよらない所業であったに違いない。

また、現在、信長の居城であった安土城跡に登ると、石段・石垣の所々に地蔵などの石仏が石材として転用されているのを確認することができる。しかも、それはたまたま石材がなかったために利用されてしまったというような消極的なものではなく、場所によっては、信長に謁見しようとする者は必然的にこの石仏を踏むか跨《また》ぐかしなくてはならないように、わざと設置しているとしか思えないものすらある。かりに本当に石材が不足していたとしても、あるいは反対に何らかの御利益を期待しての行為であったとしても、そうした信仰対象物を居城の一部に転用するなどという行為は、それまでの為政者には決してなかった発想である。

ただ、小説やドラマなどでは、こうした信長の行動は、彼の無神論者としての特異な個性、あるいは合理主義者としての先見性として説明されてしまうことが多い。しかし、宗教勢力や信仰対象物への冷淡な対応といったものは、信長と同時代の為政者のなかに大なり小なり認めることができる。たとえば、豊臣秀吉の弟秀長の居城であった大和郡山《こおりやま》城や、明智光秀の福知山《ふくちやま》城・丹波《たんば》篠山《ささやま》城などにも、石仏や石塔を石垣に転用した例を認めることができる。たしかに信長の例はいささか極端ではあるが、それは信長一人の個性で済まされるものではなく、同時代の一般的な風潮だったのである。

いずれにしても、政治と宗教が一体化していた時代から、「政教分離」の時代、あるいは宗教が世俗政治に従属する時代へと大きく舵を切ったのが、この時期の時代的特徴であり、その意味で、この時期は日本社会における宗教史・信仰史上の画期だったといえるのである。

神仏の価値暴落

一方、政治制度の転換と前後して、この時期には一般の人々のなかにも神仏や呪術に対する不信の念が広がりはじめていた。というよりも、さきの信長のような極端な行動は、むしろそうした一般庶民レベルでの神仏への信仰心の退潮を背景にして出現したと考えるほうが順序としては正しいだろう。

たとえば、中世の人々は何らかの誓約を行うときに起請文を書いて、神仏に虚偽のないことを誓っていたということは、すでに再三述べたところである。しかし、中世後期に入ると、この起請文の署判に人々が血判を押すという新たな現象が見られるようになってゆく。それまでは、誓約者はただ起請文に署判を据えるだけで十分だったものが、それに加えて自身の血液を署判場所の上に付着させるという行為がともなうようになるのである。現在の研究では、これは当時の人々のあいだで神仏への信仰心が薄らいでいったことにより、起請文の強制力が不安定になったため、かわりにみずからの血を流し誠意を示すことで、誓約の不安定性を補おうとしたものではないかと考えられている。

また、同じく起請文の文中には神仏の名前を列挙して、もし虚偽を行えば、それらの神仏の罰が当たっても構わないという趣旨を述べるのが定番であったが、この神仏の名前も時代が下るごとに増加する傾向が認められる。つまり、それまではいくつかの代表的な神仏の名前を挙げるだけで十分に誓約が成り立っていたものが、途方もない数の神仏の名前を羅列するようになってゆくのである。これも人々が「少ない数の神仏ではとても誓約の強制力が保てない」と考えるようになった結果と見るべきだろう。いわば神仏の価値暴落《インフレーション》である。

このほか、戦国時代には「起請返し」とか「起請許し」とよばれる不思議なお祓《はら》いも行われていた。これは起請文で一度誓ってしまった内容を取り消したいときに、神社に依頼して、最初の誓約をなかったことにしてもらう、まことに都合のいいお祓いのことである。この時期、京都の吉田神社の神官を務めた吉田兼右《かねみぎ》・兼見《かねみ》父子の日記を見ていると、この怪しげなお祓いの依頼が多方面から彼らのもとに寄せられていることがわかる。

たとえば、不始末をしでかした召し使いを折檻《せっかん》し、追放する旨の起請文を一度は書いてみたものの、後で召し使いが謝罪してきたので、最初の起請文をなかったことにしてほしいと頼み込む主人。あるいは、兄弟ゲンカのすえにお互いに絶交する旨の起請文を交わしてはみたものの、一方が病気になってしまったために仲直りし、ついてはそのときの起請文をなかったことにしてほしいと依頼してくる兄弟など。当時、じつに他愛もないことで「起請返し」や「起請許し」は行われていた。もちろん黙って反故《ほご》にせず、一定のお祓いを受けたうえで起請文の霊力を解除しようとするあたりは、依然、当時の人々も起請文の霊力にそれなりの配慮をもっていたことはまちがいない。ただ、本来、不可逆的であるはずの神仏への誓約が、この時期ずいぶん軽いものになってしまっているという印象はやはりぬぐえない。

実際、応永二四年（一四一七）六月、山城国伏見荘で盗人の疑いをかけられた三木《そうぎ》三郎という男は、親族を前に無実を誓い、しまいには「起請文千枚書いても痛くはない」と豪語している（『看聞日記』）。ここで、この三木三郎が本当に無実であったのか否かはいまは問わない。それよりも、それまでの人々にとっては一枚書くだけでも十分な心理的な負担であったはずの起請文を、たとえレトリックであったとしても、「千枚書いても～」と軽々といってしまう、その神経に私などは驚かされる。室町時代から戦国時代にかけて、このような文字どおり「神をも恐れぬ」有名無名の人物が次々と史料上に姿を現している。そうして、この時期、人々は神仏に対する畏敬の念や信仰心を少しずつ希薄化させていったのである。

湯起請を支えた心性

室町時代にかぎって異常な大流行を見せた湯起請という神判については、これまで中世人の篤い信仰心が極端なかたちで現れたものとして説明されることが多かった。しかし、室町時代という時代は、決して神仏に素朴で敬虔な祈りを捧げた時代ではなく、むしろ時代としては神仏に対する不信が深まってゆく時代であった。

たしかに彼らは「真実」や「神慮」を追求することよりも、共同体社会の合意や速決明快性、あるいは当事者の利害を優先させて、湯起請を選択していた。だとすれば、湯起請についても信仰心の産物というよりは、逆に信仰心の希薄化が生んだものとしてとらえなおす必要があるだろう。

ただ、それでも当時の人々がまったく「神慮」を信じていないのならば、そもそも湯起請など行われるはずもない。あえてそこで湯起請が行われていた以上、人々はまだどこかで「神慮」を信じていたかったのだともいえる。そうした信心と不信心の微妙なバランスのなかで出現した湯起請は、あるいは起請文における血判や多くの神仏の名前と同様、薄らいでゆく神仏のもつ拘束力を肉体的な苦痛によって担保するべく創出されたものだったのではないだろうか。

つまりは、こういうことである。まだ神仏に疑いの目が向けられていない、のどかな時代ならば、起請文を書き、身体に異変があるかないかを問うだけの参籠起請でも、誰もが「神慮」に納得できた。しかし、人々が「神慮」に疑いを差し挟むような、せちがらい時代になってくると、そろそろ同じ「神慮」を尋ねるのにも、それなりに厳粛な道具立てが必要になってくる。日ごろはなかなか「神慮」を示してはくれなくなった神仏も、極限的な状況をつくりだせばきっと「神慮」を示してくれるはずだ。あるいは、「神に誓う」といわれても、それなりの覚悟をかたちで示してもらわないと、こちらも容易には信じられない。室町時代の人々は、そのようなことを真剣に考えて、熱湯のなかに手を入れるなどという途方もない神判手法を考案したのではないだろうか。

その意味で、湯起請とは、まさに信心と不信心の微妙なバランスのなかで生まれた習俗であった。そのため、この後、大局的な時代潮流が信仰心を捨て去ってゆき、信心と不信心のバランスが崩れてゆけば、おのずと湯起請は終焉《しゅうえん》に向かう運命にあった。もはや熱湯に手を入れたところで「神慮」など得られるはずがない、と人々が達観してしまったとき、湯起請はその歴史的使命を終えるのである。湯起請が室町時代の一〇〇年にかぎって突如出現し、突如消滅する背景には、そうした事情があったのだろう。

神判の極北へ

ただし、日本における神判の歴史は、これでまだ終わらない。湯起請の終息と入れ違いに、次は近世初頭の一時期に灼熱《しゃくねつ》の鉄片を握り「神慮」を問う、より過激な神判である鉄火起請が出現する。なぜ湯起請が終焉した後、人々のなかに宗教や呪術への不信がより拡大しているにもかかわらず、さらに過激な神判が出現するのか。こうなれば、もはや読者には説明は不要だろう。熱湯に手を入れてでも確認することのできなかった「神慮」も、最後の最後には灼熱の鉄片を握ることによって確認できるかもしれない。かつての時代よりも人々の心のなかに不信心の比重が増大してゆくなかで、人々は湯起請にかわって「神慮」を担保するものとして、より過激な鉄火起請という神判を見出したのである。しかし、近世に入って人々の心のなかの不信心の比重増大は、もはや止めることはできず、むしろ加速度を増すばかりであった。湯起請の流行が一〇〇年続いたのに対し、鉄火起請の流行がさほどの盛りあがりを見せず、流行期間のピークも半世紀に満たないのは、何よりもそのことを示しているといえるだろう。

では、最終章である次章では、その近世初頭の鉄火起請の実像を探ることで、日本列島数百年におよぶ神判の歴史をたどってきた本書の締めくくりとしたい。

第七章　鉄火起請——戦国から江戸初期の神判——

1　鉄火起請の伝説

政令指定都市の隠れた真実

本書の冒頭で、滋賀県と福島県にいまも残る鉄火起請の伝説を紹介した。しかし、似たような伝説は、それにとどまらず、ほとんど日本全国で確認できる。私はここ数年、そうした日本中の鉄火起請関連の史跡を踏査しているのだが、次の【表3】は私が把握しているかぎりの全国の鉄火起請関連史跡の一覧表である。

たとえば、東京にごく近いところでは、神奈川県の横浜市と川崎市の市境が鉄火起請で決められていたという事実を知っている人は案外少ないのではないだろうか。横浜市も川崎市も、どちらも首都圏を構成する政令指定都市で、現在は巨大な人口と近代的な街並みを誇っている。しかし、現在の横浜市青葉区鉄《くろがね》と川崎市麻生《あさお》区早野《はやの》は、かつては鉄村と早野村という隣接する二つの村だった。この二つの村の境界をめぐって鉄火起請が行われたという伝説が地元にはある。伝説の内容はまちまちだが、共通するのは、二つの村の境界を決定するため鉄火起請が行われ、早野村が勝利し、新たに定められた境界に植えられた松が「鉄火松」とよばれ境界のシンボルになった、という点である。

【表3】鉄火起請関連史跡一覧

場所	史実	史跡
滋賀県高島市（旧朽木村）	文禄年間（1590年代前半）、栃生村と細川村の山相論	勝者栃生村忠次郎の慰霊碑（1921年建立）が現存
茨城県つくばみらい市	1598年（？）、川崎郷と楢戸郷の堺相論	鉄火起請の場所を示す鉄火塚（1918年建立）と、使用された鉄火棒が現存
三重県久居市	1607年、一色村と大鳥村の山相論	一色町泉福寺境内に「山論功労者之碑」（1915年建立）が現存
神奈川県川崎市麻生区	1607年（？）、早野村と鉄村の堺相論	鉄火で定まった境界点に鉄火松跡の石碑（1970年建立）が現存
大阪府泉佐野市	1608年、日根野村と上之郷村の山相論	身代わりの犠牲者中屋太郎の供養塔（明治以降か）が現存
栃木県下野市	1611年、小金井宿と三ヶ村の入会地相論	小金井宿の代表、大越大蔵の顕彰碑（1978年建立）が現存
滋賀県日野町	1619年、日野東九ヶ村と日野西九ヶ村の山相論	勝者喜助の顕彰碑（建立年不詳）が現存
福島県西会津町	1619年、綱沢村と松尾村の山相論	敗者長谷川清左衛門の首塚・胴塚・足塚・供養塔（1927年建立）、勝者青津次郎右衛門の墓が現存
新潟県中頸城郡三和村	寛文年間（1661～1673）、神田村と越柳村の地堺相論	通称「鉄火原」の地に「鉄火紀念塚」（1901年建立）が現存

鉄火松跡の石碑（神奈川県川崎市麻生区。1970年建立）

この鉄火松は近代以降も川崎市と横浜市の市境の尾根上に聳《そび》えていたが、残念ながら昭和二二年（一九四七）に枯死し、現在はその場所に「鉄火松跡」を示す石碑が建てられている。これらの伝説が真実とすれば、川崎・横浜の市境は鉄火起請で定められていたということになる。

この鉄火起請がいつの時期の話であったのかは、「伝承」の常として明確ではないが、慶長《けいちょう》一二年（一六〇七）一二月二六日には、たしかに二つの村のあいだの境界争いに裁定が下り、境界に塚が築かれたという記録が別に残されている（杉本貞吉氏所蔵「早野村萬《よろず》書留帳」）。この鉄火起請の伝承もそのときの史実を物語っているのか、あるいは、そのときの裁定事実が誇張されて鉄火起請の話に仕立てられてしまったのかもしれない。

なお、この伝承で興味深いのは、負けた横浜市側と勝った川崎市側で伝説内容に若干の相違があるというところだろう。とくに負けた横浜市側では「早野村では役人に賄賂《わいろ》をおくり鉄村方に先に鉄棒を持たせる工作をしたのです。そうとは知らぬ鉄村の総代、真っ赤な鉄をにぎったかと思うと、たまらず、すぐ取り落としてしまい、その後、冷えた鉄棒を拾い上げた早野村総代に役人は軍配をあげたのです」（『川崎物語集』）として、この鉄火起請に不正があったとされている。実際、私が現地で聞き取り調査をしてみたところ、横浜市側の人々は一様に「鉄火起請にはいかさまがあった」と昔から聞かされていると答える一方で、川崎市側ではそうした話は一切聞かれなかった。横浜市側の鉄小学校では地域の歴史教育の一環として、現在、この伝説をもとに紙芝居を制作中であるという。もちろん「いかさま」説に基づく構成になるのだろう。いつの時期に行われたかもわからない鉄火起請の伝説であるが、いまもそれは「生きている歴史」として地元に生々しく語り伝えられているのである。

新発見！　鉄火棒

このほか茨城県つくばみらい市谷和原《やわら》には、驚くべきことに鉄火起請の際に使われたという鉄火棒が現存している。この地域では、慶長三年（一五九八）九月、下総国《しもうさ》相馬《そうま》郡川崎郷の川崎播磨《はりま》と常陸国《ひたち》筑波郡楢戸《ならど》郷の土田《つちだ》隼人《はやと》のあいだで国境を確定するために鉄火起請が行われたとされる（一説には寛永《かんえい》年間〔一六二四～四四〕とも）。しかし、現在のところ、この鉄火起請については明治四二年（一九〇九）刊行の飯泉五郎《いいずみごろう》『関東三大堰《せき》ノ一沿革誌』や大正一五年（一九二六）刊行の塙泉嶺《はなわせんれい》『筑波郡郷土史』の記述が遡《さかのぼ》れる最古の情報で、史実であることを裏づける一次史料は何一つ残されていない。ただ、地元には、このとき鉄火起請を行った場所にやはり塚がつくられ、松が植えられたと伝わっており、その場所（宮戸《みやど》六九二番地）にはいまも大正七年（一九一八）建立の「神裁／遺蹟／鐵火塚」の石碑が建っている。

また、つくばみらい市谷和原庁舎には、現在もそのときに使用されたという鉄火棒が大事に保存されている。つくばみらい市教育委員会生涯学習課の方々の御厚意で、私はこの鉄火棒を実見させてもらったが、長さ一八・一センチ×幅三・七センチ×厚さ一・六センチ、重さ五八〇グラム、錆《さび》で赤茶けた小さな鉄片であった（写真参照）。鉄火起請の伝説は日本各地にあるものの、鉄火棒の現物が伝わっているのは、おそらくここぐらいだろう。きわめて貴重な遺品といわねばならない。慶長一一年（一六〇六）に実施された鉄火起請では、鉄火の大きさは「長さ八寸（約二四センチ）に、はば二寸（約六センチ）」とされており（『福島太夫殿御事《ふくしまだいぶどのおんこと》』）、およそこのぐらいが一般的な鉄火の大きさだったのだろう。

さらに、この鉄火棒が起請文に使う牛玉宝印（熊野那智権現の牛玉宝印）二枚に包まれて伝来しているのも見逃しがたい。鉄火起請の実例のなかには、本書冒頭で紹介した会津の事例がそうであったように、双方が手のひらの上に起請文をひろげ、その上に鉄火棒を載せるというパターンが多く見られる。これは当時の鉄火起請の一般的な作法であったらしく、一七世紀に日本に来たイエズス会士が編集した『日本大文典』のなかにも、「悪魔の絵を描いた一枚の紙を手のひらに置いて、その焼石か鉄火かを握るのである。そうして火傷をしない者は罪がないという」と書かれている。あるいは「熊野の牛玉を三つ折、両手に牛玉のはしを

（上）鉄火塚（茨城県つくばみらい市）
（下）鉄火棒と牛玉宝印（茨城県つくばみらい市教育委員会）

大ゆひ《（親指）》にくるみ持ちなし、鉄火をかねのはさみ《（鉄鋏）》にてはさみ、両手の上に渡し候」というように、両手で牛玉宝印をもって、その上に鉄火を載せるという場合もあったようだ（『福島太夫殿御事』）。

　いずれにしても、きっと当時の人々は、真実を唱える者には牛玉宝印が鉄火の熱さからも守ってくれると考えていたのだろう。あるいは、想像をたくましくすれば、この二枚の牛玉宝印も実際に鉄火起請で双方が使用したものだったのかもしれない。

　なお、ここでの伝説も神判に不正があったことをうかがわせる内容となっている。それによれば、最初に鉄火を取ることになった「正直者」の川崎播磨は真っ赤な鉄片を素手で握り火傷を負ってしまうが、それを見た「知恵者」の土田隼人は手のひらに塩をたくさんまぶしてから鉄火を握ったため、火傷しなかったという。結果、係争地は楢戸郷のものとなり、負けた川崎播磨は磔刑《たっけい》に処され、家名は断絶させられたという。

　はたして塩を手にまぶしたぐらいで火傷しなくなるのかどうか疑問だが、それはともかく、この神判の不正によって負けてしまった川崎播磨は、その後、逆に川崎郷の人々の同情を集め、新たな伝説がつくられることになる。まず、川崎播磨の磔にされた遺骸は、それを気の毒に思った川崎郷の大工によって片腕のみが取り返され、郷内に埋葬され、その場所は「神明様」として祀られ、以後、郷内の川崎一族は毎年九月一五日（戦後は一〇月一五日）に播磨の供養のための「神明祭」を行っているという。また、その後、鉄火塚の建つ場所では毎年夏になると蛍が大発生することから、人々はこれを無念のうちに処刑された川崎播磨の霊魂と考え、長く「播磨蛍」とよんでいたという。おそらく、これらの伝説も鉄火起請に負けた川崎郷の側からつくりだされたものなのだろう。

勝ったのはどっちだ?

鉄火裁判記念碑（栃木県下野市。小金井宿の代表、大越大蔵の顕彰碑。1978年建立）

このほかにも栃木県下野《しもつけ》市古館《ふるだて》には、慶長一六年（一六一一）、小金井《こがねい》宿（旧下都賀《しもつが》郡国分《こくぶん》寺《じ》町）と薬師寺《やくしじ》・町田《まちだ》・田中《たなか》三ヶ村（旧河内《かわち》郡南河内町）とのあいだで行われた馬草場をめぐる鉄火起請で、小金井宿代表となった名主の大越大蔵《おおこしたいぞう》の顕彰碑が建てられている。しかし、この昭和五三年（一九七八）に建てられた顕彰碑（写真参照）は堂々たるものだが、この地域の伝承の場合、すでにどちらが勝利したかという次元で伝承に対立が見られる。三ヶ村域にあたる旧南河内町では、この鉄火起請は三ヶ村惣代の岩上主膳《いわがみしゅぜん》が勝ったものと伝えられており、幕末の文書（「岩上吉信家文書」）にも「剛気なる者」であった岩上主膳は焼けた鍬《くわ》を握って一間あまり向こうに投げ込んで、その場で気絶したものの、勝訴したと書かれている。しかし、その一方で、小金井宿域にあたる旧国分寺町では、反対に名主の大越大蔵が火傷をしながらも鉄棒を棚の上まで運んで勝訴したと伝えられており、両者の伝承は真っ向から対立してしまっている。このうち、どちらの伝承が真実を反映しているのか、現状で判断するのは難しい。

ただ、いずれにしても、これまで紹介した事例からもわかるように、双方の地域の実利と名誉を懸けた鉄火起請は、勝っても負けても、双方ともに簡単に忘却できるようなことではなかったようだ。勝った側は必要以上にみずからの正義を強調し、鉄火の功労者を地域のヒーローへと仕立てあげてゆく。負けた側は負けた側で、鉄火起請の不正を指摘し、ときには勝敗までも都合のいいように読み替える。現在確認できる鉄火起請をめぐる伝承の混乱は、鉄火起請の後も続いた双方の地域の生々しい対立を何より雄弁に物語っているようだ。

伝説は何を語るのか？

鉄火起請について調べてみようと思い立ったとき、正直いって、私はここまで生々しい伝承や遺物が日本列島各地に残っていようとは思ってもみなかった。調べてゆく過程で、四〇〇年前の奇妙な裁判のしこりが現在も二つの地域に暗く根を張っているという事実に否応なく気づかされ、うんざりすることすらあった。

では、なぜこうも生々しい伝承が現在にいたるまで残存しているのだろうか。同じ神判でも、室町時代にあれほど大流行した湯起請については、その史実が現在まで語り伝えられているという事例は、私の知るかぎり一例もない。それに対し、江戸初期の鉄火起請については、一次史料こそ少ないものの、かなりの地域でいまにいたるまでそれが記憶され続けているのである。

おそらく、この違いは、江戸初期の鉄村と早野村の間で確定した境界が横浜市と川崎市の市境として現在も存続していることからもわかるように、江戸初期の鉄火起請によって確定した境界がその後も数百年にわたって地域の規範として継承されていったという事実が大きいのだろう。実際、これらの土地にかぎらず、現在に続く日本の地域社会の枠組みの多くは、一般的にどこでも江戸初期におおよその大枠が確定し、その後、それが継承されるという傾向にある。そのため、そこに住む多くの人々にとって、地域社会の起源を語る際のいわば「創業神話」として鉄火起請は長く記憶されやすかったのだろう。

一方、室町期に確定した境界はいまだ不確定な要素をはらんでおり、実際に、その後の歴史のなかでさらに二転三転するのが一般的であった。そんな有為転変のなかで室町期の湯起請の歴史は、案外、容易に人々に忘れ去られてしまったのだろう。ごくふつうの地域社会に生きる人々にとって、自分たちの〈歴史〉のはじまりは、決して〈室町〉などではなく、せいぜい〈江戸〉からだったのである。

ただ、それだけでは伝承が受け継がれてゆく要素としては、まだ弱い。さらに、もうひとつ、この問題の場合、日本社会の近代化の過程にも要因を求めなければならないだろう。近代に入ると、近世初期につくられ、それまで維持されてきた地域社会の枠組みが様々なかたちで変化してゆくことになる。そうなると、おそらく近代の人々は、地域社会や共同体が変容してゆくのを目の当たりにして、そこで再度、地域社会の始発を語る「創業神話」を強く思い返したのではないだろうか。最近の近世の一揆史研究の成果によれば、江戸時代の百姓一揆で犠牲になった人々を「義民」として地域の人々が顕彰する傾向は、当の江戸時代よりも、むしろ明治時代以降に顕著に認められるのだという。その背景には、やはり旧来の共同体が近代に入り変質してゆくなかで、過去の「記憶」が掘り起こされてゆくという事情があったらしい。現在、鉄火起請ゆかりの地に残されている慰霊碑や記念碑も、そのほとんどが近代以降に子孫や地域社会によって建立されたものである。これらも、地域社会のあり方が次の曲がり角にさしかかっていた時代に、勝ったにせよ負けたにせよ、地域社会の現在の枠組みをもたらした功労者の存在とその「創業神話」が、同じく地域の人々に再認識されたことを物語っているのだろう。

そうした幾重もの歴史のフィルターを経て、鉄火起請の伝説はいまの私たちに四〇〇年前の史実と、その後の紆余曲折《うよきよくせつ》を伝えてくれている。私の実感としては、似たような伝承はまだまだ日本各地で発掘できそうな気がする。以後も、地道にそうした伝承の掘り起こしを続けてゆきたいと思う。

2　神々のたそがれ

鉄火起請とは

すでに四九頁で紹介したグラフにも明らかなように、室町時代に大流行を見せた湯起請は一六世紀に入ると急激に衰退を見せてゆく。かわりに、一六世紀中頃から姿を見せはじめるのが鉄火起請である。

鉄火起請は火起請《ひぎしよう》ともいい、すでに述べたとおり、焼けた鉄片（鉄斧や鉄棒など）を手のひらに載せ、それを棚の上まで運ばせる神判である。ただ、鉄片を取るだけではなく、焼いた石をつかんだり、手のひらで擦《さす》ったりすることもあったようだ。その場合、史料中では

「火石《かせき》を擦る」などと表現されている（『ロドリゲス日本大文典』）。ここでは、とくにそれらを区別せず鉄火起請と総称することにしよう。

現在、確認できるかぎり、鉄火起請の関連史料は四五件あり、八七件におよぶ湯起請史料に比べると、いささか事例は乏少である。ただし、その事例の確認範囲は、北は陸奥《むつ》仙台（宮城県）から南は肥前《ひぜん》大村（長崎県）にまでおよび、湯起請の事例分布が主に畿内に偏っていたのに比べると、ほぼ日本列島全土に広がる勢いを見せている。また時期的には、確実な事例としては弘治《こうじ》二年（一五五六）の越前《えちぜん》国南条《なんじょう》郡赤萩《あかはぎ》村（現在の福井県南条郡南越前町）の事例を初見として、万治三年（一六六〇）の武蔵《むさし》国足立《あだち》郡大和田《おおわだ》村（現在の埼玉県さいたま市）まで、戦国から江戸初期までの約一〇〇年間に話題にのぼっていることが確認できる。なかでも江戸初期の一六〇〇～二〇年の二〇年間に、多くの事例が集中している。

大別すれば鉄火起請には、刑事的事件の犯人を特定するための犯人探し型と、民事的紛争の解決のための紛争解決型の二種があることは、湯起請と同じである。ただ、湯起請では犯人探し型と紛争解決型の比率が六対四だったのに対して、【表4】を見てもらえばわかるように、鉄火起請ではその八割が紛争解決型の事例であった。ここから、鉄火起請の場合、紛争解決、とくに村落間の山野の用益権をめぐる紛争に多く適用されているのが顕著な特徴であったといえる。

【表４】鉄火起請の実施率

	犯人探し型	紛争解決型	計
事例数	９件〔20％〕	36件〔80％〕	45件
実施	２件（22％）	19件（53％）	21件（47％）
不明・中止	７件（78％）	17件（47％）	24件（53％）

※パーセンテージは四捨五入したもの

これは、この時期、実際に列島各地で山野用益をめぐる村落間紛争が多発していたことと対応している。戦国から江戸初期にかけて、日本各地で戦乱や政治的理由などで大名・領主など支配層の交代が相次ぎ、どこも支配関係が不安定になっていた。そのため、それに連動して、各地で村落同士が互いに山野のナワバリの拡大や奪還を画策し、各地で前代以上に激しい村落間の衝突が繰り返された。鉄火起請は、主にそうした問題の解決のために多用されたのである。

しかも、【表４】に示されているとおり、鉄火起請ではその半分の事例で現実に鉄火起請が実施されている。湯起請では、紛争の過程で話題にのぼったとしても実際に湯起請が行われるのは四割弱にすぎなかった。それに比べれば、この鉄火起請の実施率はきわめて高いものといえるだろう。鉄火起請も湯起請と同様、たしかに威嚇のために話題にのぼることはあったが、むしろそれよりも実際的な解決策として利用されていた傾向が強い。鉄火起請は関連事例こそ少ないが、近世初期の混迷する地域社会のなかで、人々に現実的な処方箋《せん》として価値を認められていたようである。室町期の湯起請がこの時期に鉄火起請にエスカレートした背景には、さきに述べた人々の信仰心の希薄化という事態とともに、もうひとつ、こうした社会状況の深刻化という現実があったに違いない。そして、最終的にはこのとき確定された権利関係が、その後の日本社会において長く規範として継承されることとなったのである。

再び「上から」か「下から」か

焼けた鉄片を握って火傷の具合で勝敗を決めるという、湯起請以上にエキセントリックなこの裁判については、当然のことながら、これまでも湯起請と同様、研究者の耳目を集め、法制史研究や社会史研究の立場から様々な研究が重ねられてきた。

ただ、それらの研究の多くには、残念なことに湯起請についての研究動向と同じく、鉄火起請が為政者によって強制されたものなのか、それとも民衆によって考案されたものなのか、という一点で、二者択一的な問題設定がなされてしまう傾向が感じられる。たしかに現代人の感覚からすれば、湯起請までならまだしも、鉄火起請のような過激な神判を、それを行う当事者がすすんで考案したとは考えにくいものがある。しかし、現実には鉄火起請についても、湯起請の事例と同じように、やはり為政者によって提案、強制される場合もあれば、逆に当事者たちが率先して鉄火起請を希望する場合もあり、史料の上ではいずれの事例も確認できるのである（たとえば、本書の冒頭に掲げた近江と会津の鉄火起請のエピソードは、ともに当事者たちから鉄火起請が提案されている）。それを考えるとき、むしろ私などは、湯起請による「神慮」が人々のあいだで信じられなくなってゆくなかで、やはり為政者といわず民衆といわず、いずれもが「神慮」を担保するための新たな手段として鉄火起請を創出したと考えるべきように思う。

無敵の信長

事実、信じがたいことだが、当時の人々は鉄火起請によって表される「神慮」をそれなりに信じていたようである。たとえば、織田信長の一代記である『信長公記《しんちょうこうき》』のなかには、織田信長が鉄火を取る、という話が出てくる。

信長がまだ尾張《おわり》の一領主にすぎなかった頃、尾張国海東《かいとう》郡大屋《おおや》（現在の愛知県稲沢《いなざわ》市大矢町）の甚兵衛という庄屋が一色《いっしき》村（現在の同市片原《かたはら》一色町）の左介という者の家に夜討をかけたか否かをめぐって鉄火起請が行われた。しかし、このとき鉄火を取り損なった一色村の左介は鉄火を取り損なったにもかかわらず、池田恒興《つねおき》の権威を借りて、鉄火起請の結果を認めようとしなかった。そこへたまたま鷹狩《たかがり》の帰りの信長が通りかかる。信長は事情を聞いて、両者の間に割って入り、みずからが鉄火を取ることを提案する。そして大胆にも「もし私がその鉄火を無事に取ることができたならば、左介は鉄火起請の判決に従い、おとなしく成敗されよ」といい出す。

やがて、信長は鉄火に使った斧《よき》を再びよく焼くように指示を出すと、それをためらうことなくみずから手に取る。さすが信長、というべきだろうか。彼はそのまま平気で三歩進んで、無事に棚の上に鉄火を運ぶことに成功してしまうのである。そして、最後に「これを見申したるか」（これを見たか！）と人々に高らかに宣言する。その結果、約束どおり左介は信長によって誅殺《ちゅうさつ》されたという。

もちろん、にわかに信じがたい話ではあるが、この話が収められた『信長公記』の史料的価値は高く、おそらくこの話は信長の生前か死の直後から彼についての英雄譚として巷間《こうかん》に流布していた可能性が高い。しかも、この物語中では鉄火起請に対する不信感や疑念は何ら表明されていない。むしろ信長のカリスマ性を強調する小道具として鉄火起請が用いられており、何より信長自身が左介に対し鉄火起請の判決の遵守を求めている。少なくとも『信長公記』の作者は、鉄火起請の神秘性を認めたうえで、それを信長伝説の素材として取り込んでいたといえるだろう。

このほか似たような話としては、徳川家康の三河時代以来の重臣で「鬼の作左《さくざ》」とよばれ、多くの豪放磊落《ごうほうらいらく》な逸話をもつ本多《ほんだ》作左衛門《さくざえもん》重次《しげつぐ》も、鉄火を握った一人と伝えられている

（『寛政重修諸家譜《かんせいちょうしゅうしょかふ》』）。いつの頃の出来事かはわからないが、織田家と徳川家とのあいだで家臣同士のトラブルが起こり、信長の鶴の一声で、両家は鉄火起請で問題を解決することになった。そこで徳川家代表として鉄火を握ることになったのが、他ならぬ本多作左衛門であった。場所は三河岡崎《おかざき》の伊賀《いが》八幡宮と伝えられている。このとき作左は家康手ずから勝栗《かちぐり》を与えられて奮起し、社前でいささかの火傷もせずにみごと、鉄火を取り運んだという。これにより織田家と徳川家の紛争は徳川方の勝利となり、事後、家康の機嫌は上々だったとされる。

これもにわかに信じがたい話であるが、近世初頭のある時期まで、鉄火起請の神聖性は確実に多くの人々に信じられていたのだろう。そうした意識を前提にして、本多作左衛門の剛《ごう》毅果断《きかだん》なキャラクターを語るものとして、この逸話はつくられたのだろう。

宣教師の目撃談

次に、実際に行われた鉄火起請の事例を見てみよう。慶長一一年（一六〇六）、広島城主の福島正則《まさのり》は家臣の藤松次右衛門《ふじまつじえもん》と津田野小源太《つだのこげんた》との争いの裁定に鉄火起請を採用している（『福島太夫殿御事』『一六・七世紀イエズス会日本報告集』）。このとき領内にいた宣教師たちは藤松側を支持する立場から、鉄火起請の経緯を詳細に書き残してくれている。少し長いが、参考までに引用しておこう。

日本の異教徒たちは、十分な証拠がなく疑わしい事件の場合、被告を、「この場合のように」必要に応じて原告をも、柵《さく》囲いの中に入れる習慣がある。そこにはすでに鍛冶屋《かじや》がふいごと鍛工炉《たんこうろ》、或《ある》いは何かの火を携えて控えており、適当な長さと重量の鉄を真っ赤に熱した後、訴訟者（原告と被告）の各々の合わせた両手の手のひらの上にやっとこでその鉄を置く。それは悪魔が祀られている日本の或る有名な寺院からもたらされる一種の誓詞が書き記されている紙の上でか、その紙なしで行なわれる。そして、手にその熱い鉄を持ったまま二、三歩歩き、それを取った者はそれをこの目的で置かれている薄板の上に載せる。それから人々はその手を見る。そして、手が焼けている者を有罪者の証しと見なす。（中略）柵の中に入れられると、両人はそれぞれ熱い鉄を取ったが、その前に神々に祈禱《きとう》を捧げて加護を求めた。それがすむと、五日目まで——五日目にどちらの傷が大きかったかを調べることになっていた——手の火傷を蔽《おお》わないように手袋をはめさせ、その手袋を見せた（清水注、日本側史料には三日間とある）。

このときの鉄火起請の際には、直前に一方の津田野側が「或る寺院の上長である仏僧のところに行き、火が手を焼かないようにするために手の上に種々祈禱をしてもらった」という。仏僧は彼に対して「何の禍もなかろうから大胆に自信をもってやるように」と声をかけるだけでなく、「さらに彼を励ますために、部下の仏僧に命じて、彼が熱い鉄を取る時に、彼を援助するよう神仏に祈願させることにした」という。神判に勝利するために祈禱を行うという例はあまり確認できないが、おそらく史料に残らないだけで、当時の神判においては、こうした行為は水面下で当然行われていたのだろう。なりふり構わぬ神頼みというよりは、このとき彼らは真剣に「神慮」を味方につけようと思っていたに違いない。

ところが、この鉄火起請では、宣教師たちが応援していた藤松側に「失」が認められてしまう。異教の神判など頭から信じていなかった宣教師たちは、こうして鉄火起請が残念な結果に終わった理由を、勝った津田野側が「すばやく鉄を手から離した」のに対して、負けた藤松側は「自分の主張している真実と、求めている神々の御加護を確信していたので、きわめてしっかりと落ち着いて鉄を取った」ためである、と独自に分析している。しかし、一方で、ほとんどの日本人がこうした神判に疑いを差し挟まず、むしろ口々に「神々を崇《あが》め敬うのがいかに正しいかがよくわかる。神々はこのような奇跡を行って隠れた真実をはっきりと顕わすからである」といっている事実に衝撃を受けている。

合理的精神

ところで、さきの湯起請の分析において、私は室町時代の人々が必ずしも湯起請によって明らかにされる「神慮」を何の疑いもなく信奉していたわけではないことを指摘した。これについては、一方で同じことが鉄火起請でも指摘できそうである。まずは、いくつかの伝承を素材にして、後世の人々が鉄火起請の「神慮」をどのようなものと考えていたのかを確認しておきたい。

たとえば、さきに紹介した神奈川県横浜市の鉄火起請の伝承や、茨城県つくばみらい市の伝承などでは、負けた側に「鉄火裁判はいかさまであった」という伝承が濃厚にいい伝えられていた。しかし、そもそも互いに神の前で真実を誓って行われた鉄火起請の結果に、負けたとはいえ事後に難癖をつけるというのは、およそ許されることではないだろう。それは、神を信じた時代の人々の行いとしては、あまりに似つかわしくない。しかし、鉄火起請にまつわる伝承では、しばしば「いかさま」疑惑がつきまとう。

本書冒頭で紹介した元和五年（一六一九）の近江国蒲生郡の西郷九ヶ村と東郷九ヶ村の山相論の事例でも、西郷の代表者で「いささか奸智ある者」であった角兵衛は、熱しても赤くなるばかりで、さして熱くならない鉄片を用意して、これを利用して鉄火起請に勝利しようとしていた。しかし、幕府の検使はあらかじめ双方が用意してきた鉄片を交換して使用させてしまったため、角兵衛はかえってわが身を滅ぼすことになってしまったという。このエピソードは、鉄火起請に勝利した東郷の喜助を顕彰する立場から江戸後期に書かれたと考えられる『山論鉄火裁許之訳書』に描かれているものである。

ただ、冷静に考えてみると、このエピソードが真実であったとすれば、喜助が火傷せずに鉄火起請に勝利できたのは決して「神慮」などではなく、角兵衛が用意した鉄片のからくりによるものであったことになってしまう。これは鉄火起請によって現された「神慮」自体の正当性が問われかねないもので、ともすると鉄火起請に勝利した東郷にとっては自己否定になりかねない危険な言説ではないのだろうか。ところが、作者は鉄火起請の勝敗を「神慮」による奇跡譚として説明することよりも、火傷をしなかったことに合理的な説明を加えることを優先してしまったのである。この作者の発想に、むしろ私たちはかぎりなく現代人に近い精神を見ることができよう。

チキンレース

伊賀国伊賀郡の岡田《おかだ》・寺脇《てらわき》村（現在の三重県伊賀市）と奥鹿野《おくがの》村（同）の間で行われた鉄火起請の伝承は、さらに現代的な内容である。慶長一四年（一六〇九）六月、両者の間で鉄火起請が行われることになった際、岡田村と寺脇村の庄屋は、その場で身体がすくんで、どうにも鉄火に手が伸びなかったという。しかし、対する奥鹿野村の庄屋与八郎は顔色ひとつ変えず、堂々と鉄火の前に進み、鉄火を握り取るべく手を伸ばした。すると、その瞬間、奉行から「待て」の声がかかる。奉行は庄屋与八郎の勇気と信念に感じ入り、「もはや鉄火を握るにおよばず。奥鹿野村の申し分相違なし」との判決を下したのだという。

似たような話は、近江国高島《たかしま》郡朽木《くつき》村栃生《とちゅう》にも伝わっている。文禄《ぶんろく》年間（一五九二〜九六）に行われたと伝わる栃生村（現在の滋賀県高島市朽木）と細川《ほそかわ》村（現在の滋賀県大津市葛《かつら》川《がわ》細川町）との山相論では、細川村の兵衛《ひょうえ》が山盗みをしているところを目撃したという栃生村の忠次郎の証言の真偽が焦点となっていた。そこで代官は兵衛と忠次郎の二人をよんで、事情聴取を行う。しかし、「ただ山に立ち入っただけだ」と主張する兵衛と、「たしかに兵衛は栃生の山の木を伐っていた」と主張する忠次郎のいい分は、まったく折り合うところがない。そこで、ついに代官は真っ赤に焼けた鉄棒を二人の前に差し出し、こういった。

「正直に申している者は、この鉄棒を握ることができる。二人とも、この鉄棒を握ってみよ」

そういわれた忠次郎は、大胆にも、ためらわず焼けた鉄棒を握ってしまう。一方の兵衛は、たちまち顔色を変えて逃げ出そうとした。これを見た代官は即座に、こう宣言する。

「忠次郎は正直者である」

恐れ入った兵衛は、あっさりとその場で栃生の木を伐ったことを認める。これにより、それまで不明確だった細川と栃生の山境は栃生の主張が認められることになったという。また、村の人々は忠次郎の勇気に感謝し、忠次郎の家に柚《ゆず》の木があったことから、彼を「柚木《ゆぎ》忠次郎」とよび、敬ったという（『朽木の昔話と伝説』）。

以上が、朽木村に伝わる鉄火起請に関する伝承である。さきの伊賀国の伝承にしても、この朽木村の伝承にしても、ともに「神慮」を問うはずの鉄火起請が、たんなる度胸試しになってしまっている。室町期の湯起請にも相手を怯《ひる》ませるための「ハッタリ」としての要素があることは指摘したが、ここでは完全に鉄火起請はチキンレースとしての役割を担わされてしまっている。これらのエピソードでは「神慮」は何ら問題にされず、むしろ鉄火起請は当事者の信念の強さを測るための装置に成り下がっているといわねばならない。

もちろん、以上の事例はいずれも「伝承」であるため、鉄火起請が実施された当時の人々の意識をストレートに反映したものとは速断できない。しかし、少なくとも実際に鉄火起請を行った村人の何代か後の子孫たちは、もはや「神慮」による結論をそう単純には受け入れることはできなくなってしまっていたようだ。彼らは鉄火起請の結果を彼らがより受け入れやすい合理的なエピソードに加工してしまっていたのである。

地域的紛争調停システム

しかし、鉄火起請に不信感を抱いていたのは、後世の子孫たちばかりではなかった。どうやら実際に鉄火起請に挑んだ人々も、室町期に湯起請を行った人々と同様、鉄火起請に対する信頼感と不信感を同時に抱えながら、複雑な胸中で、その場に臨んでいたようだ。

たとえば近江国蒲生郡の山相論の場合、まず、いきなり最初から鉄火起請が行われていたわけではないことに注意したい。このときの日野山の領有をめぐる東郷九ヶ村と西郷九ヶ村の争いでは、鉄火起請の実施直前に、同じ蒲生郡の中山《なかやま》村の金剛定寺《こんごうじょうじ》（天台宗）・松尾山《まつおやま》村の正明寺《しょうみょうじ》（禅宗）・畑《はた》村の西明禅寺《さいみょうぜんじ》（禅宗）から東郷・西郷のそれぞれに使僧が発遣され、調停が試みられている。彼らは「鉄火起請になれば必ず一方が重罰に処せられてしまう。わずかの芝草のために人が処刑されてしまうのは、じつに嘆かわしいことである。双方がこの道理をよく理解して和解する気があるのならば、お上には私たちが口利きをしてお許しをもらってやってもよい」という趣旨の説得を行っている。この話が収められている『山論鉄火裁許之訳書』は近世後期に書かれたものであり、同時代史料とはいいがたいが、この三ヶ寺の調停については『山論鉄火裁許之訳書』に関連文書が引用されており、事実を反映していると見ていいだろう。

この三つの寺院は、いずれも近隣の重要寺院であるが、ともに東郷九ヶ村・西郷九ヶ村のどちらにも属しておらず、いわば局外中立の立場にあった。近隣に所在して双方の事情を熟知しながらも、いずれの利害からも距離を置いている第三者であり、かつ宗教的立場からの調停は、当時において相応の説得力をもったはずである。この三つの寺院もそうした自身の立場を自覚して、地域社会の秩序を維持するため自主的に調停に乗り出したのだろう。

ただ残念ながら、この寺僧たちの調停工作は失敗に終わり、けっきょく勝負は鉄火起請に委ねられることになる。しかし、ここでは破綻したとはいえ、鉄火起請以前に地域社会内部でそれなりに紛争調停のシステムが作動していることに注意したい。鉄火起請は最初からそれありきで進められたわけではなく、まずは地域的な紛争調停システムが作動し、それが破綻したときの、あくまで最終手段として用意されていたのである。

慶安《けいあん》三年（一六五〇）、近江国蒲生郡下羽田村《しもはねだ》（現在の滋賀県八日市市《ようかいち》）と上・中羽田村（同）の草場相論では、幕府が鉄火による解決を提案したところ、下羽田村の人々は「か様に証拠正しき上ハ、鉄火の儀、御免成され……」と、鉄火ではなく証拠に基づいた合理的判断を求めている。さすがに当時の人々も、なにがなんでも鉄火起請と考えていたわけではなかったようだ。室町期の湯起請でも、まずは人事を尽くすことが目指されていたが、ここにもそれと同じ発想を見ることができる。

村の人身御供

さらに、鉄火の取り手に注目して諸史料を読み返してみると、湯起請には見られなかった鉄火起請独特の性格を見出すことができる。たとえば、すでに何度も触れた近江国蒲生郡の鉄火起請の場合、最終的に勝者となった喜助が鉄火の取り手として選出される過程は、少し入り組んでいる。そもそも最初、鉄火の取り手は日野の村井横町の九郎左衛門という者が行うはずだった。ところが、この役目は途中から音羽村庄屋の喜助に交代されているのである。『山論鉄火裁許之訳書』を見ると、その理由は西郷との交渉窓口になっていた喜助が、その過程で西郷の者たちから臆病をなじられたため、彼は憤慨し、「鉄火の役は是非とも私、相勤め」と名乗り出たとされている。しかし、この間の説明はいささか唐突であり、この伝承をそのまま信じていいのかどうか躊躇させられる。この場合はたまたま喜助が勝者になったために美談に仕立てあげられているが、真相は途中で喜助に押し付けられたのではないだろうか。

そう考える理由は、もう一方の鉄火の取り手である角兵衛がまさにそうだからである。『山論鉄火裁許之訳書』には、角兵衛が代表者として選出された経緯は「角兵衛儀は、石原村にて数年世話いたし憐《あわ》れみを掛け置き候者に付き、相頼み申し候ところ、この者恩儀を思ひ鉄火の役勤め候と申し居り候」と書かれており、そもそも角兵衛は西郷のひとつ石原村で数年間にわたり村人たちから憐れみを受け扶養されていた「浪人」で、今回、鉄火の取り手を村人たちから打診されたところ、日ごろの恩義に報いるために引き受けた、とされている。一般的に戦国時代の村落には、いざというときのスケープ・ゴートにするために、村で乞食や浪人を扶養しておくという習俗があった。日ごろ食事の世話などをしてやるかわりに、もしものときは誰もやりたくない仕事をその者に押し付けるのである。残酷に思えるかもしれないが、これも戦乱の時代を生き抜くための共同体の知恵だった。この角兵衛も、まさにこの〝村の扶養者〟のケースにあたるだろう。喜助の場合や他の鉄火の取り手の場合も、あからさまに史料に書かれていないだけで、彼らが選出される背景にはそうした共同体内部の特殊な事情があった可能性がある。

ただ、こうした〝村の扶養者〟に共同体が神判の代表者を押し付けるという現象は、鉄火起請以前の湯起請などにはまったく確認できないことである。たとえば、永享八年（一四三六）の近江国の観音寺と山前南荘の山相論のとき、山前南荘の代表者として湯起請に臨んだのは古老百姓の願阿という者だった。そのほか、文明六年（一四七四）の大和国池田荘と井殿荘の相論でも、湯起請の取り手として指名されたのは「両庄の古老者」だった。「古老百姓」や「古老者」とは、たんなる年寄りのことではなく、荘園や村落のリーダーのことである。もちろん乞食や浪人などではない。この場合は湯起請の代表者としては、まことに相応しい人材だったといえる。

また、寛正二年（一四六一）の近江国伊香《いか》郡の菅浦《すがのうら》（現在の滋賀県西浅井《にしあさい》町）と大浦《おおうら》（同）という二つの村落の相論は、互いに報復行為がエスカレートし、相手の集落への集団攻撃や放火に発展し、数人の死者すら生み出す惨事となったケースである。最終的に、この相論は公家日野家の京都屋形で湯起請が行われ、決着がつけられることになった。しかし、このとき大浦の代表として湯起請に臨んだのは大浦の事件現場に住む一人の青年で、一方の菅浦の代表として臨んだのは一人の老婆だった。青年と老婆が湯起請を競うと聞くと、何か奇異な感があるが、彼らが選ばれたのにはそれなりの理由があった。

まず大浦側の青年は、初発の事件現場である山田《やまだ》という集落に住む者だった。そもそも、この二つの村落の相論は、菅浦側の商人が一人、大浦の山田という場所で盗人の疑いをかけられ拘束され、処刑されてしまったことから起こった。これに怒った菅浦の村人たちが山田を襲撃し、集落に放火したうえ、山田の住人四～五人を殺害したのである。ここで湯起請の場に臨んだ青年は、この問題の山田の住人だったのである。ひょっとすると最初の商人の処刑に携わった人物かもしれないし、あるいは菅浦の報復によって知人を殺害された者かもしれない。いずれにしても、彼が湯起請の場に臨むのは当然といえた。

一方の菅浦側の老婆である。彼女は、じつは山田で最初に盗人の疑いをかけられ殺されてしまった商人の母親だった。被害者に最も近しい人物として、彼女ほど湯起請の取り手に相応しい人物はいるまい。実際、この老婆はみずから志願して、京都の法廷に立ったのだった。ただ、残念ながら、この湯起請は山田の青年の勝利に終わった。菅浦に残された「菅浦大浦両庄騒動記」という記録は、山田の青年は若かったために湯につけた手は少し腫《は》れただけだったが、老婆のほうは歳をとり痩《や》せていたために激しく火傷したように検視役に見えてしまったのが敗因だったという（「菅浦文書」）。

以上の山前南荘や菅浦の事例を見ても、室町期の湯起請では、それなりに共同体の代表者や被害者に近しい立場の人々が選ばれて取り手となっていたことがわかるだろう。究極の「神慮」を尋ねるには、いずれも最適任の人選であった。ところが、近世初期の鉄火起請になると、それがもはや誰でもよくなってしまう。乞食や浪人という、共同体を代表して「神慮」を尋ねるにはどうかと思うような者までが押し付けられて鉄火起請に臨むのである。ここにも室町期と江戸初期の「神慮」に対する意識の相違が見てとれよう。

村の補償

しかし、いくら押し付けられたにしても、角兵衛のような者たちは、なぜ鉄火を取るなどという恐ろしい役目を引き受けたのだろうか。そこには、じつはもうひとつ、共同体内部の巧妙なからくりが仕掛けられていたのである。

元和六年（一六二〇）五月、近江国神崎《かんざき》郡の佐目《さめ》村（現在の滋賀県東近江市永源寺《えいげんじ》町）と同国蒲生郡の甲津畑《こうづはた》村（同）の間の山相論が鉄火起請で決着がつけられる気配が濃厚になった。

すると、このとき一方の佐目村では急遽、村掟が作成されている。その内容は「もしこの相論が鉄火起請となったならば、鉄火を取る人に対しては、村として諸公事を二代にわたり免除する。もし鉄火を取り損なったとしても、この規定は変更なく、すべて諸公事は免除する」というものだった（「佐目区有文書」）。つまり、この村では鉄火起請になることを見越して、誰もやりたがらない鉄火の取り手に対して、本人とその子供の二代にわたって諸公事（住民税）を免除することを取り決めたのである。

近江国蒲生郡の山相論の場合でも、勝った喜助に対しては、その後、東郷九ヶ村から「褒美」として蔵王村の砥石山という山林が与えられ、実際には鉄火は取らなかったものの、途中までは代表者を務めた九郎左衛門に対しては村井町の南に三畝あまりの田地が与えられたという。この田地が後世「鉄火田」とよばれ、いまでも綿向神社にこの土地から神酒の奉納がなされているということは、すでに述べた。

このほか、近江国甲賀郡宇治河原村《うじかわら》（現在の滋賀県甲賀市水口町《みなくちちょう》宇川《うかわ》）でも、慶長一一年（一六〇六）に酒人村《さこうど》との境界争いで鉄火起請が行われようとしたとき、鉄火の取り手に対する「褒美」が村掟として取り決められている（「宇川共有文書」）。そこでは「鉄火の取り手には、すぐに米二〇石を支給し、秋の収穫時にも重ねて一〇石を支給する。また、その家の後継ぎ一人は永久に村役を免除する」とされ、さらに「鉄火起請の現場の柵のなかに入っただけで実際には鉄火を取らなかったとしても、当初の二〇石の米は支給する」という念の入った規定がなされていた。実際に鉄火を取らず現場に立っただけでも褒美を支給するとしたのは、おそらく鉄火起請の場合、ぎりぎりの場で相手が勝負を放棄したり、示談が成立する可能性があったからなのだろう。

なお、宇治河原村では、この村掟が書かれた翌日、村掟の内容に若干の修正が加えられている。違うのは、褒美の額。翌日付の村掟では、鉄火を取る者には即座に一〇石、秋に一〇石、柵に入るだけで鉄火を取らない場合は五石と定められており、褒美額がそれぞれ減額されている。おそらく、さきの村掟を定めた直後、村人たちの間で再び議論が蒸し返され、この減額修正が決まったのだろう。この村では、翌年にも同じ問題で、鉄火の取り手の褒美に関する村掟が取り決められているが、そこでの褒美額は総額二〇石、鉄火を取らなくても現場に赴けば一〇石などと定められている。あまり安いと取り手がいない、かといって高額すぎれば村財政に負担となる。鉄火の褒美額の設定は、村にとって頭の痛い問題だったようだ。

また、元和五年（一六一九）の会津での綱沢村と松尾村の鉄火起請では、綱沢村の青津次郎右衛門が自発的に取り手の名乗りをあげるが、このとき次郎右衛門は村人たちに対して「私がやろう。しかし、鉄火を取ってしまったならば、火傷の後遺症で農作業ができなくなってしまう。願わくば、皆の衆から相応の助力を賜りたい」と、みずから補償を要求している。これを聞いた村人たちは、青津家に対する経営助成を約束し、実際、次郎右衛門から六代後の当主にいたるまで青津家に対する村人たちの農作業の支援は続けられていたという（『新編会津風土記』）。

さきに近江国朽木村で鉄火を取ること、それ自体の勇気と信念を讃えられて勝訴した忠次郎の伝承を紹介したが、このとき勝者となった彼の場合は、庭の木にちなんで村人から「柚木忠次郎」とよばれたという。これもたんに忠次郎が村人から愛されてニックネームをつけられたというような牧歌的な話ではなく、おそらく、このとき彼は鉄火起請の勝利の恩典として「柚木」という苗字を名乗ることを村から許されたのだろう。村内で堂々と苗字を名乗ることができるのは、一部の階層にかぎられる。それを許されたのだとすれば、彼は鉄火起請の勝利により村落内での身分上昇を獲得したということになろう。

以上のように、想像を絶する苦役である鉄火起請の取り手に対しては、どこも共同体として万全の支援体制が用意されていた。公事役の免除や田地の給与、報奨米の支給や日常的な農作業支援、あるいは村落内の身分上昇の保証まで、鉄火の取り手に対する配慮はきわめて手厚い。なかには会津の青津次郎右衛門のように、最初からそれを期待して交換条件を提示し、鉄火の取り手になろうとする者すらいた。よるべない「浪人」角兵衛などは、これらの恩典を期待して、身を挺《てい》した可能性もあるだろう。また、現代まで各地で続く鉄火起請の犠牲者に対する手厚い慰霊・顕彰行為なども、決して途中で唐突に思い出されて慰霊・顕彰されたわけではなく、鉄火起請当時のこうした共同体による補償の習俗を基礎にして展開したものである可能性は高いだろう。

このような、神判を適当な誰かに押し付けるかわりに共同体が彼らに対して一定の保護を与えるという習俗は、室町期の湯起請事例などからはまったく確認することができないものである。もちろん、こうしたことが行われる前提には、当時の村落共同体のそれなりの成熟があるといえるだろう。室町期の村落に比べて、江戸初期の村落は危機管理のうえではるかにきめ細かいシステムを獲得していたのだ。しかし、同時に、ここまで精緻な補償が講じられていたこと自体、すでに当時の社会で鉄火の取り手が「誰もがやりたくない苦役」と認識されていたことを意味していよう。「正しい主張をしていれば、鉄火など怖くない」などとは、もはや誰もいい切れなくなっていたのである。鉄火の取り手が乞食や浪人でも構わないとされるようになっていったことと併せて、この事実は当時の人々が「神慮」への不信をより募らせていることを示しているのではないだろうか。

敗者は殺される

では、一方で鉄火起請を指示したり監督したりする為政者の側は、鉄火起請に対してどのような意識をもっていたのだろうか。鉄火起請に対する為政者の姿勢を考えようとするとき、これまでの研究で大きな問題とされてきたのは、鉄火起請において敗者がしばしば為政者によって処刑されてしまうという事実をどう考えるかという問題である。

元来、紛争解決型の参籠起請や湯起請では負けた側は係争地や係争物権を失うだけで、それ以上に彼らに処罰が加えられるということはなかった。しかし、鉄火起請の場合、負けた側は利権を失うだけではなく、幕藩領主によって代表者が処刑されてしまうという例が非常に多い。なかでも本書冒頭で紹介した会津の伝承などは、負けた者の身体が切り刻まれてしまったというのだから、凄惨という他ない。村人たちが鉄火の取り手に手厚い補償を講じていた理由のひとつも、鉄火起請にはそれ以前にはない、このような新たなリスクがともなっていたという点にある。

こうした事実についいては、これまでの研究でも説明に苦慮しており、為政者の仲裁を拒否して神判を行ったことに対する制裁であるとか、神判以前の紛争過程での逸脱が別に罪に問われたなどの解釈が出されているが、いまだ結論をみていない。ただ最近では、近世初期の村落間相論では、鉄火起請にかぎらず敗訴した側の代表者が処刑されることが一般的だったことが明らかにされている。そのため、敗者の処刑ということ自体は鉄火起請にかぎった現象ではないという理解が有力になってきている。

しかし、たとえ敗者処刑が近世社会に一般的であったとしても、本来、「神」が白黒をつけるはずの神判の場に、俗権力が介入して世俗の処罰を持ち込むというのだから、これはまったく「おせっかい」な話で、前代の価値基準からすれば異常な事態といわざるをえないだろう。中世社会とは決定的に異なり、近世社会は「宗教」が「政治」に従属した社会だった。そうしたなかで神判といえども、それだけで貫徹することはなく、領主裁判権が神判固有の領域に確実に浸透していたのである。

神判の終焉

以上のように鉄火起請の諸特徴を列挙してゆくと、参籠起請や湯起請などと比べて、鉄火起請では明らかに人々の間に「神慮」に対する信頼や配慮が希薄化してきていることが見てとれる。

そもそも、これまで本書では湯起請と鉄火起請を同等に扱って説明してきたが、江戸初期の鉄火起請の流行は室町期の湯起請の流行ほどには大規模なものにはならなかったようだ。巻末の表を見ても湯起請の事例のほうが時代が遡るにもかかわらず計八七例確認できるのに対し、鉄火起請に関する史料は時代が近いわりに目下のところ計四五例しか確認できていない。このことは、すでに近世初期の人々が室町期ほどには神判を身近に行ってはいなかったことを推測させる。鉄火起請の場合、話題にのぼった以上、現実に実施される確率は高かったが、やはり近世初期の人々は、室町期に比べると、もはや神判の採用には躊躇を覚えるようになっていたのかもしれない。

しかも為政者の立場からすれば、神判によって犯罪や村落間相論を解決するということ自体、そもそも受け入れがたいものだったはずである。人々の自力救済行為を抑制して、藩や幕府の一元的な裁判権のもとに人々を服させることを企図した近世権力にとって、一方で同じ世界に「神」の名による裁判が並存することは決して許容できることではなかっただろう。

事実、江戸初期の著名な儒学者で、徳川家康のブレーンまで務めた、林羅山《はやしらざん》(道春《どうしゅん》)は、その著書『徒然草野槌《つれづれぐさのつい》』(元和七年〔一六二一〕刊行)のなかで、鉄火起請が迷信にすぎないことを強調している。彼によれば、室町期の儒家清原業忠《きよはらのなりただ》は鉄火起請が迷信であることを指摘して、「火をつかんでも焼けないならば、水をつかませればいい。水でも焼けるだろう」「火に焼けぬ不思議があるならば、水でも焼ける不思議もあるだろう」といったという(実際には清原業忠の時代にまだ鉄火起請は行われていないから、この話は事実ではないだろう)。これに対して羅山は「火がモノを焼くことは当たり前であるのに、水を握っても焼けるだろうなどという詭弁《きべん》を弄《ろう》するのは、法をもてあそんでいるに近い」と、やや高みから業忠の言を論評しながらも、「しかし愚かにも人に火をつかませるようなまねをするよりは、よほど賢い判断だ」「中国の賢人たちがいつ水や火で罪を糺《ただ》すようなことをしただろうか」といっている。儒学者ということもあり、やや理屈っぽいところが難だが、このあたりが江戸初期の為政者の一般的な思考なのだろう。

しかし、それでも彼らが神判を許容していたのは、ひとえに彼らのつくりだした近世権力がいまだ未成熟で、多くの人々を納得させるだけの統治構造や理念を整えていなかったからだった。とくに、この時期に頻発していた村落間相論は、つねに複雑な利害がからみあっており、公権力とはいえ、へたに首を突っ込んで一方に肩入れすると、かえって事態を泥沼化させてしまい、自身の威信を削《そ》ぐ結果になりかねなかった。そのため、初期においてまだ不安定な近世権力は村落間相論などの問題については、主体的な理非判断を回避し、その解決を神判に委ねざるをえなかったのである。

ちょうど同じ時期に近世権力が多用していた喧嘩両成敗についても、これと同じことが指摘できる。彼らは決して、強大な権力をもっているから喧嘩両成敗という没理性的な措置を多用していたわけではなかった。むしろ、逆に権力が未熟だったからこそ主体的な理非判断を回避し、双方に痛み分けの措置を科していたのである（拙著『喧嘩両成敗の誕生』参照）。だから、喧嘩両成敗も鉄火起請も、一見、近世権力の高圧的な姿勢を現しているかに見える対応ではあるが、むしろそれは初期の近世権力の弱さの現れだったといえる。

その証拠に、一七世紀中頃、近世権力がその基盤を確固たるものとし、しっかりとした裁判権を確立してゆくと、途端に鉄火起請は姿を消す。その流行のピークは湯起請よりも短く、せいぜい一六〇〇〜二〇年の二〇年間にすぎなかった。いまのところ確認できる、実際の紛争現場で話題にのぼった最後の鉄火起請の事例は、万治《まんじ》三年（一六六〇）武蔵国大和田村の事例である。すでに徳川将軍は四代目の家綱《いえつな》の治世になっており、この直後の寛文《かんぶん》〜延宝《えんぽう》期（一六六一〜八一）に、近世社会の枠組みが本格的に確立したというのが歴史研究者のあいだの通説である。だとすれば、まさに近世社会の本格的到来と入れ違いに、神判は歴史の表舞台から退場したことになる。以後、村と村との山相論や、ややこしい裁判も、神判ではなく幕府や藩の公的な裁判によって解決される時代となってゆく。

衝撃の冤罪事件

近世初頭の文化人、松永貞徳《まつながていとく》は、慶安五年（一六五二）に『徒然草』の注釈書『なぐさみ草』を刊行している。そのなかで彼は鉄火起請が衰退していった理由を次のようなエピソードから説明している。

あるとき、比叡山根本中堂の黄金の油注ぎが盗まれるという事件が起きた。そこで、例によって犯人探しのための鉄火起請が行われ、無事犯人は捕まり、処刑される。ところがどうしたわけか、その直後、京都千本《せんぼん》で処刑されることになった別の盗人が、処刑の直前、じつは比叡山の油注ぎを盗んだのも自分だったと白状してしまう。真犯人出現！　気の毒なことに、最初に処刑された人物はまったくの無実だったのである。しかし、すでに時遅し……。殺されてしまった者は生き返らない。つまりは、鉄火起請で示された「神慮」はまったくの誤りだったわけだ。こうしたことがあって、人々は次第に鉄火起請にしらけてゆき、ついには鉄火起請は行われなくなってしまったのだという。

実際にも、こうした冤罪事件は、神判が行われるかぎり数かぎりなく発生していたことだろう。松永貞徳がこの著作を刊行したとされる慶安五年は、ちょうど鉄火起請の流行のピークが過ぎ去った時期であり、彼が語る鉄火起請衰退の裏話は同時代人の証言として、それなりの説得力はある。こんなことが積み重なって、近世の人々の気持ちが次第に神判から離れていったというのは、当然、ありうる話である。

灼熱の鉄片を手で握るという極限状態をつくりだすことで「神慮」は眼前に現れると信じた人々によって創出された過激な鉄火起請。しかし、やがてそれでも「神慮」は確認できないことが人々に周知されるや、鉄火起請は湯起請以上に早く、あっという間に史上から姿を消すこととなった。以後、神判は歴史の表舞台からは締め出され、公的な裁判に神判が採用されることは原則的に絶えてなくなる。

おわりに――世界文明のなかの中世日本――

インドの神判

これまで古代から近世までの、わが国の長い神判の歴史を読者とともにたどってきた。ここで最後に、私たちの目を広く世界に転じてみよう。神判は決して日本固有の習俗などではなく、ほとんどすべての文明において普遍的に見られる現象だった。ただ、その歴史は諸文明の個性に応じて、じつに多様な形態をとっている。

たとえば、世界史上で最も神判が隆盛を見せたのは、インドである。古代インドの法律書である『マヌ法典』(紀元前二世紀~後二世紀頃)や『ヴィシュヌ法典』(紀元後二~三世紀頃)には、すでに日本の湯起請にあたる沸湯神判や、鉄火起請にあたる火神判が確認できる。また、そのほかにも、毒物や冷水を被疑者に飲食させ異常が現れるか否かで罪を決める毒神判や神水神判、被疑者を水中に潜らせ、その時間の長さで罪を決める水神判などもあった。さらに変わったところでは、被疑者の体重の増減で有罪・無罪を決する秤《はかり》神判、神前に供えた白米を被疑者が口のなかで噛んだ後、イチジクかカバの葉の上に吐き出して、そのとき口のなかから出血しているかどうかで罪を決める嚼米《しゃくまい》神判などもあり、古代インドには、じつに多様な神判が存在していたことがうかがえる。

こうした古代インドでの神判の多様な展開ぶりは、その後も変わらなかったらしい。七世紀の唐の玄奘三蔵《げんじょうさんぞう》や、九世紀のイスラム商人スレイマン、一一世紀のアラブ人アルベルニーは、それぞれインドを訪れ、その当時インドで行われていた神判について詳細な記録を書き残している。また近くは、一八世紀にインドを訪れたアラブ人、ジャラル＝ウッ＝ディーン＝ソイチは、水と二種類の火による計三種の神判があったことを報告しているし、二〇世紀初めのドイツ人法学者、ヨーゼフ・コーレルも、インド各地に一八世紀終わりまでなお神判が行われていたことを報告している（小野清一郎訳『法の一般的な歴史』）。

最近、私がインターネットで知りえた範囲でも、二〇〇六年夏にインドのラジャスタン州の村では、大規模な神判が行われていたらしい。イギリスの『サンデー・エクスプレス』紙をもとにしたロイター通信の報道によれば、その村では八月下旬に学校から米と麦が盗まれる事件が起きており、国家警察がそれに対する捜査を行わなかったことから、村の地方協議会で神判を行うことに決したのだという（「村民に『熱い油に手を入れろ』命令、インド地方の無謀な裁判」、二〇〇六年九月一九日付、エキサイトニュース翻訳版）。このときの神判は、二つの村の男性一五〇人が「油で沸騰する大釜から銅の指輪をつまみ出す」というものだった。

しかも、けっきょく、このときの神判では、沸騰する油に手を入れることを拒んだ五〇人が犯人ということに決まってしまう。一方、当然といえば当然だが、真面目に沸騰した油に手を入れた人々は無罪になったもののみな火傷を負い、この村では、その後も無罪になった大勢の村人たちが火傷の治療に苦しんでいたという。また、沸油に手を入れることを拒否して犯人にされてしまった四五歳の男性は「(神判を実施することを)拒否したなら、村八分にされたでしょう。その恐怖から、私たちはみな賛同しました。これが行われたのは初めてではありません」と語っていたという。

ややインドに対する蔑視観が感じられ、必要以上に面白おかしく書かれている点が怪しい記事ではあるが、とりあえず事実関係は真実を伝えているとしよう。いずれにしても、このような報道や外国人の旅行記や調査報告を信じるかぎり、インドにおいては紀元前後から現在まで、神判は細々とはいえ連綿と存続していたようだ。

ただ、一七世紀前半のインドのマハーラーシュトラ地方で行われていた様々な神判を具体的に紹介した小谷汪之氏は、あくまで神判を審理のうえでの「最後の手段」であったと説明している。だとすれば、インドにおいても神判は日本中世と同様、決して闇雲に行われていたわけではなく、まず人事を尽くすことが優先されていたことになる。神判というと、どの地域の歴史であっても、とかく非合理的・非近代的な側面が強調される傾向があるが、この点は神判の歴史を考えるとき、日本にかぎらず留意すべきことなのかもしれない。

琉球・アイヌの神判

インドほど顕著ではないにしても、似たような神判はアジア各地に見出せる。日本法制史の碩学《せきがく》、中田薫氏がかつて探索しただけでも、チベット・アラビア・ペルシア・ヘブライ（ユダヤ）・マレー半島・カンボジア・ベトナムなど、東西アジア全域で神判は確認されている。

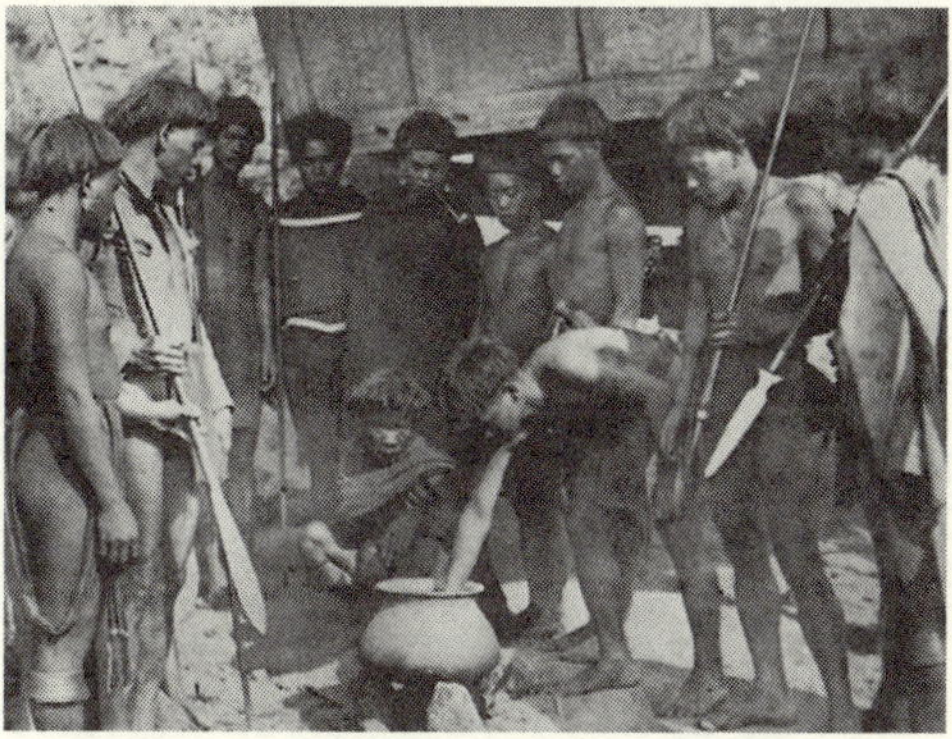

フィリピン、イフガオ族の熱湯裁判（20世紀初頭の写真。壺の向こうに座っているのが判定人。Barton, Roy Franklin, “*Ifgao Law*”, Barkeley, University of California Press, 1919より転載）

これ以外にも、一六世紀末、薩摩《さつま》から琉球《りゅうきゅう》に渡った僧定西《じょうさい》は、そこで蛇に噛みつかれるか否かで有罪・無罪を決める毒蛇神判が行われていたことを書き残している（『定西法師琉球物語』）。そこでは「琉球は弁財天の嶋なり」として、もし盗みがあれば、「弁財天の社」の「巫女」が、大きな蛇を連れてきて、人を集めるのだという。そして罪ある者がその蛇に近づけば、蛇はたちまち彼に食らいつくとされる。また、この毒蛇神判のおかげで、琉球では盗みをする者などいないのだともいう。ここで「弁財天」と称されているものは、おそらく琉球土着の信仰拠点である御嶽（ウタキ）をさしているのだろう。

また、一八世紀に蝦夷《えぞ》地に渡った菅江真澄《すがえますみ》は随筆『えぞのてぶり（続）』のなかで、当時、アイヌ民族に行われていた熱湯裁判と熱鉄裁判を紹介している。それによればアイヌ社会では、当時、真偽の判定の際には湯を沸かして、その熱湯のなかに「湯起請のごとく手をつきたて」るのだという。また、同じく「鎌・船釘《ふなくぎ》を焼き金として、掌《たなごころ》におく」熱鉄神判も行われていたという。こうしたアイヌ社会の神判は、一九世紀末に北海道を訪れたイギリスの人類学者ジョン・バチェラーによっても報告されており、少なくとも二〇世紀初頭までは同様の形態が存続していたらしい。

琉球も蝦夷も、いずれも現在は沖縄県・北海道として日本国の一部を構成している地域ではあるが、この両地域にも本土とはまた別のかたちで神判が残存していたようだ。

中国の神判

しかし、一方で同じアジアでも中国だけは、それらの国々とはまったく別の道を歩んだようである。中国においては、早くは紀元前五世紀頃から成文法の発達が見られ、秦《しん》の始皇帝の登場以後は急速に集権的統一国家の建設が進み、その過程できわめて精緻な法制度が整備されていった。そのため中国では、かなり早い段階から神判が公的な裁判制度のなかから駆逐されてしまったようだ。中国においては、すでに秦・漢以前の西周や春秋時代から、伝説としても神判の記録は確認されない。そのため現在、法制史研究者のあいだでは、中国は世界で最も早く神判が姿を消した地域と評価されている。

室町時代に生きた官人の中原康富《なかはらやすとみ》も、その日記『康富記』に、日本に来た「唐人」が「湯《ゆ》立《だて》」（湯を沸かす神事）と「湯起請」は「日本奇特」であると述べたと記している（宝徳《ほうとく》三年〔一四五一〕九月二九日条）。一五世紀当時、それぐらい中国では神判は珍しいものになってしまっていたのだろう。

もちろん、中国国内でも主に南部の少数民族においては一九五〇～六〇年代まで様々に神判が残存していたことは、最近の人類学の研究などでも報告されている（夏之乾『神判』など）。しかし、それらの地域や周辺のアジアの国々とは対照的に、中華帝国本体は、どこよりも早く神判を公的には卒業してしまっていたのである。

ヨーロッパの神判

中国に加えて、もうひとつ、神判を卒業する過程が具体的にわかるのは、ヨーロッパである。ヨーロッパでは、日本の湯起請にあたる熱湯審（釜審）の存在が、六～七世紀のゲルマンの部族法典に確認することができる。ただ、部族法典に見える神判は熱湯審と籤審ぐらい

ヨーロッパ中世の冷水裁判（上）と熱鉄裁判（下）（12世紀。オーストリア・ラムバッハ修道院所蔵「ラムバッハ法典」の彩色画）

であり、日本の鉄火起請にあたる熱鉄審はカロリング朝期（八～一〇世紀）に入ってから出現するのだという。熱湯審の後に熱鉄審が出現するというのは、これまで見てきた日本の神判の変遷（湯起請から鉄火起請へ）とも符合する現象である。あるいは、この背後に日本と同じく「信仰心の希薄化と反比例する神判の過激化」という事態を想定できるかもしれない。だとすれば、非常に興味深いことである。

また、ヨーロッパの神判は一般に一一〜一二世紀に最盛期を迎えるとされているが、その時期においても決して無条件に神判が行われていたわけではなかった。フランス西部のマルムティエ修道院が関与した紛争では、法廷審議に持ち込まれた約六〇件の訴訟のうち、神判が問題になるのは二〇件ほどで、さらに実施されたのは数件にすぎなかったという。神判はあくまで事件や訴訟を解決するための最終手段だったのである。この点も、さきのインドの事例と併せて、日本の中世との類似性を指摘することができるだろう。

その後、一二世紀後半から一三世紀に入ると、ヨーロッパの神判は衰退期に入る。その背景には、神判を「神を試す行為」として否定的にとらえるキリスト教会の姿勢があった。一二一五年の第四次ラテラノ公会議では、聖職者の神判立ち会いが禁止され、これによりヨーロッパ社会の神判は公的な正当性を失うことになる。やがて、それまで神判が果たしていた役割は、糾問手続きや陪審制がそれに取って代わることになり、ついにヨーロッパ社会も神判を卒業することとなる。

日本中世の神判

以上のように、一口に神判の歴史といっても、各文明が神判をどの時期にどのようにして卒業したか、しないのかは、各文明の個性に応じて多様であった。インドのように近代以降も神判を残存させた地域は、他にアフリカなどにも見られる。一方で、中国のように法治主義の浸透が神判からの卒業を促進する場合もあり、また一方で、ヨーロッパのようにキリスト教という超越的な宗教の存在が呪術的な神判を駆逐してしまう場合もあった。もちろん神判を卒業する原因は様々で、その如何《いかん》によって、その文明を「遅れている」とか「進んでいる」などと一概に評価できるものではない。

ただ、こうした様々な文明ごとの神判史を眺めてゆくと、本書で見てきた日本の神判史は、それらのいずれとも趣きが異なるようである。本書全体のまとめもかねて、ここで日本中世の神判の特徴を整理しておこう。

まず、何より諸外国の神判史と比較して特異なのは、日本の場合、一度は停滞を見せていた神判が、中世後期〜近世初期(一五〜一七世紀)に再び大流行を見せるという点である。私が読者とともに本書で中心的に考えてきたのも、まさにこの奇妙な歴史の逆戻り現象をどのように考えるか、ということであった。しかも、日本の湯起請や鉄火起請の場合、奇妙なのは、別にこの時期の日本人のなかに神仏への信仰心が復古的に燃えあがったというわけでもないらしいという点である。むしろ信仰心の高まりというよりは、その背景には、当時の日本社会で静かに進行していた人々の意識転換があったようだ。

というのも、それまで日本社会には、古代においては律令が存在し、中世においては武家法・公家法・本所法（荘園領主法）が多元的ながらも存在し、それなりの法秩序がかたちづくられていた。しかし、それらの上位権力によってつくられた法の適用範囲はかねてから限定的なもので、在地社会においては、それとは違う次元で多様な慣習法による秩序が展開していた。これは、日本の中世社会の大きな特徴であり、私などは中世社会の「面白さ」のひとつは、そうした異なる二つの法秩序が併存しながら、不思議な調和と摩擦を繰り返していた点にあると考えている。

ところが、中世後期にさしかかると、この二つの異なる法秩序が混じり合い、社会はより高次の新たな秩序を模索しはじめることになる。そんななかで、様々な価値や理念が対立や衝突を繰り返してゆく。本書で眺めてきた「衆儀」と「専制」の対立や、「文書主義」と「音声主義」の対立などは、その顕著な例だろう。そんな対立する二つの方向性のうち、まだそのどちらにも軍配があがらない状況で、それを打開するべく、当事者たちのあいだから持ち出されてきたのが、他でもない湯起請であり、鉄火起請だったのである。

この時代に生きた人々の感情の起伏は、いまの私たちが考えるよりも、もっと激しく直情的である。そのため、そうした人々によって構成される社会のなかで、神判は、ある場合は明らかに無理のある主張を押し通すための手段としても利用されたし、ある場合は逆に対立関係が極限的な状態に陥るのを回避するための知恵としても働いた。

つまり、この時期に確認される神判は、高次の価値が模索される過程で、反動的あるいは便宜的な事情から持ち出されてきたものと考えるべきなのである。当然ながら、近世社会において新たな秩序が確立するや、用無しとなった神判はあっさりと退場を迫られることになる。結論的にいえば、日本史上における一五〜一七世紀の神判は、原始・古代への単純な回帰や宗教心の発現としてとらえるべきではなく、新たな秩序が形成されるまでの模索期間に、当時の人々によって、まったく新たな価値を見出され出現した過渡的現象だったのである。

イデオロギーなき人々

そして、もうひとつ、日本の神判史を見ていて感じる大きな特徴は、その神判の特異な卒業の仕方である。法治主義が早くに神判を駆逐した中国や、キリスト教という超越的宗教が神判を否定したヨーロッパなど、世界史上、神判を卒業する諸文明は、いずれも呪術的観念に代替されるべき普遍的なイデオロギーをもって神判を卒業していた。ところが、日本の近世社会だけは、そうした特定のイデオロギーによって神判を克服したという形跡がない。むしろ日本社会は、神判に対してとくに普遍的なイデオロギーを対置させることもなく、現実主義的な思考の深まりのなかで、神判を卒業していったようである。これはかなり奇異な現象なのではないだろうか。しかも、そうした現実主義的な発想の端緒は江戸時代よりも早く、すでに湯起請を行っていた室町時代から確認することができる。

なぜ彼らは普遍的なイデオロギーもなく、神判を卒業できたのだろう。このとてつもなく大きな疑問に答えるには、残念ながら私の知識と思考力はあまりに貧弱である。ただ、そのことを考えるとき若干のヒントになるかもしれないと思うのは、中世日本人の素朴な心性の果たした役割である。

湯起請に際して室町時代の人々は、「神慮」を問うという形式をとりながらも、現実には共同体の調和や、自身の不退転の覚悟を表明することを優先させてしまっていた。このような、人間関係のバランスを必要以上に重視したり、その一方で決死の思いを無条件に尊重するような心性は、よくも悪くも日本人の国民性として、これまでも様々な「日本人論」で指摘されてきた。室町時代の人々が湯起請で重視していたのも、「神慮」よりも、何よりそうした素朴な心性だったのである。あるいは彼らは、そうした心性を実現するために神判という形式を生み出したといったほうが適切かもしれない。

もちろん、そうした心性は、どの民族にも、その文化の基底に大なり小なり普遍的に備わっているものといえるだろう。ただ、日本社会の場合、その長い歴史のなかで、律令や仏教・儒教・キリスト教など様々な外来の体系的なイデオロギーが移入されてきたが、いずれもこうした心性の影響を受け、「日本風」に変容されたうえで取り込まれてしまったという点で際立っている。特定のイデオロギーや抽象観念とは無縁に、眼前の人間関係を維持するために機能した日本人の素朴な心性は頑強な性格をもって、日本史上に影響をとどめているといえるだろう。

一六世紀から一七世紀、中世から近世への転換点は、かつては「日本史上のルネサンス」などとよばれ、神仏中心主義から人間中心主義への飛翔《ひしょう》の画期として高く評価されてきた。ここで扱っている日本史上における神判の消滅という現象なども、「聖から俗へ」という同じ文脈で説明することも可能だろう。たしかに、その時期を画期として社会の様々な分野で宗教色が後退してゆくのは事実である。

しかし、わが国がそうした変化を特定のイデオロギーを必要とすることもなくスムーズに実現させることができた理由について、十分な説明がなされているわけではない。私は、そうした変化が可能になった前提として、それ以前の古代・中世の社会において、人々が人間関係の維持修復に価値を置く、よくも悪しくも現実主義的な心性を身につけていたことが意味をもっていたように思えてならない。そして、日本社会が神判を卒業した背景にも、おそらく同様の心性の働きがあったのではないだろうか。今後、自身の考えを深めてゆきたい課題である。

あとがき――鉄火巻きと鉄火起請――

S氏のこと

最後の最後になっていい出すのも何だが、「鉄火」と聞いて、多くの日本人が思い浮かべるのは「鉄火起請」などではなくて、むしろ「鉄火巻き」あるいは「鉄火丼」のほうではないだろうか。実際、鉄火起請の話をすると、研究者・一般人を問わず、必ずといっていいほど受ける冗談混じりの質問は、「それは鉄火巻きとは何か関係があるんですか？」というものだった。こうした質問に対し、私のほうも半笑いで「いやぁ、どうなんでしょ〜？」と答えるのが常だったのだが、あるとき、冒頭で紹介した会津の調査にも御同行いただいた日本近世史研究者のS氏から意外な見解を聞いた。

何事にも好奇心旺盛《おうせい》なS氏は、私と二人で酒を飲んでいるとき、鉄火巻きの語源は鉄火起請にあるのではないか、という「新説」を披瀝《ひれき》しはじめたのである。S氏によれば、真ん中の赤いマグロがいかにも鉄火の際の熱した棒に似ていることから名付けられたに違いない、というのだ。「いや、あんなに赤くなるまで鉄火を熱するとは思えない」という私に対して、さらにS氏は「いやいや、昔の鉄火巻きのマグロなんて鮮度は悪かったはずだから、むしろ赤茶けた色だったはずで、それこそ鉄火の棒にそっくりだったはずだ」と切り返す。マグロの入った海苔《のり》巻寿司と鉄火起請が関係あるなどとは夢にも思わなかった私は、その場では、ただただ度肝を抜かれた。ただ、あらためて鉄火巻きについて、ちゃんと調べてみると、残念ながら酒席でのS氏の「新説」は成り立つ余地はなさそうである。

現在、最も信頼されている国語辞典である『日本国語大辞典　第二版』（全一三巻・小学館）で、「鉄火巻き」を調べてみると、その語源は「鮪をぶつ切りにして巻くところから、身をもちくずしたヤクザの意の鉄火としゃれたもの」と「鉄火場で調法したところから」という二説が紹介されており、S氏のような理解はこれまでなされていなかったことがわかる。ただ問題は、その「鉄火巻き」という言葉の初見である。『日本国語大辞典　第二版』は、可能なかぎり、その言葉の初出の用例を引用していることで定評があるが、それによれば

「鉄火巻き」という言葉の初見は、残念ながら一九二五年刊行の『現代用語辞典』なのである。つまり、意外にも鉄火巻きという食べ物は、そんなに古いものではなく、せいぜい大正時代ぐらいに出現したものらしいのだ。だとすれば、それと一七世紀中頃には途絶えてしまっていた鉄火起請とが直接連関する可能性はきわめて薄いといわねばならない。まして、鉄火起請を経験した人々が鉄火棒の形状からマグロの入った海苔巻きを鉄火巻きと名付けたなどという可能性は皆無に近いといえるだろう。とても斬新な着想なのだが、やはりS氏の「新説」には無理があったようだ。

鉄火巻きとサンドイッチ

ところが、S氏の「新説」に導かれて鉄火巻きについて調べてゆくうちに、興味深い事実に行き着いた。鉄火巻きの語源についての辞書の説明は、「身をもちくずしたヤクザ」を意味する「鉄火」、あるいは「鉄火場」で食べるのに便利だったこと、いずれもそれが「鉄火(場)」に由来したものであることを示している。

「鉄火(場)」とは賭場《とば》(ばくち場)のこと。そこから転じて、気質が荒々しく勇み肌の者のことを「鉄火肌」などとよび、男の場合は「鉄火者」、女の場合は「鉄火女」「鉄火娘」とよんだ。「身をもちくずしたヤクザ」のことを「鉄火」とよんだのも、ヤクザの世界で「身をもちくずす」とは、任俠道《にんきょう》を忘れ、遊び人（ばくち打ち）に成り下がることを意味していたからに違いない。

また、一方の鉄火巻きの由来が「鉄火場」で食べるのに便利だったことにあるという説については、最初、鉄火巻きが賭場で生まれたという起源を示しているのだろう。賭場では誰しもが勝負の行方に夢中だ。まさに寝食を忘れてばくちに打ち込んでいるときには、食事の時間すら惜しい。そこで、ばくちに興じながらも片手で簡単に食べられるものとして、賭場で鉄火巻きが考案されたのではないだろうか。ちなみに似たような背景をもつ食べ物に、サンドイッチがある。薄切りパンのあいだに具を挟んだサンドイッチは、トランプゲームが大好きで食事をする手間も惜しんだイギリス貴族のサンドイッチ伯（一七一八〜九二）という人物が考案したとされている。鉄火巻きとサンドイッチ――。洋の東西で賭けごとに興じる人々が同じように食事の間を惜しんで、同じようなものを発明したとすれば、何とも興味深い事実である。いずれにしても、鉄火巻きの「鉄火」とは、鉄火起請のことではなく、ばくちや賭場を意味していたのである。

では、なぜ、そもそもばくちや賭場のことを「鉄火（場）」とよぶようになったのだろうか？　このことについては、さすがの『日本国語大辞典　第二版』にも説明はなかった。かろうじて載せられている初出例を見ると、ばくちや賭場を「鉄火（場）」とよんだ最も古い文献は明和《めいわ》四年（一七六七）に刊行された川柳集『誹風柳多留《はいふうやなぎだる》』第二篇で、そこでは「鉄火打ち　そのくせ妻は恋女房」といった微笑ましい雑俳が載せられている。つまり、一八世紀中頃には、ばくちや賭場のことを「鉄火（場）」とよぶことが定着していたようなのである。

そこで私は考えた。だとすれば、さきのS氏のように鉄火巻きの語源を直接に鉄火起請に求めるのは難しいにしても、鉄火巻きの名前の由来となった「鉄火（場）」（ばくち・賭場）の語源を鉄火起請に求めることはできるのではないだろうか、と。考えてみれば、鉄火起請もばくちも、どちらも一瞬にすべてを懸ける一か八かの勝負の場であることには変わりない。一九世紀後半の随筆のなかには、ばくち打ちのことを鉄火とよぶ理由を「金とさへ云へば鉄火も握り兼ぬと云心にてか」（カネが絡めば鉄火起請すらも辞さないためか）と説明するものも現れるが（『皇都午睡《こうとごすい》』嘉永《かえい》三年〔一八五〇〕刊行）、これはこじつけというべきだろう。一八世紀中頃といえば、すでに鉄火起請が行われなくなって一〇〇年の歳月が流れてはいるものの、依然、歌舞伎や浄瑠璃のセリフのなかに鉄火起請は登場しており、人々にとって鉄火起請は決して未知の習俗ではなかった（井原西鶴『懐硯《ふところすずり》』巻二の「後家に成ぞこなひ」貞享《じょうきょう》四年〔一六八七〕刊行、近松門左衛門「心中刃《やいば》は氷の朔日《ついたち》」宝永《ほうえい》六年〔一七〇九〕初演など）。そこで、ばくちの場の乾坤一擲《けんこんいってき》の緊張した雰囲気をやや大袈裟に鉄火起請に譬《たと》えて、近世の人々はそれを「鉄火」とよんだのではないだろうか。さて、この私の新解釈、はたしてS氏はどう答えてくれるだろう？

神判から賭博へ

ただ、そう考えたとき、新たな疑問が生じる。どちらも一か八かで勝負を決するという点では似ているものの、本来の鉄火起請のもつ意味と、ばくちのもつ意味のあいだの懸隔は、やはり大きい。一方は神判を意味するのに対して、もう一方はたんなる賭博のことである。現象面では似ているとしても、鉄火起請に携わる人々は少なくともそこに「神慮」が現れるものだと、まだ微《かす》かに信じていたはずである。それを賭博と同義に扱ってしまったら、おそらく当時の人々は憤慨するに違いない。鉄火起請で現れた結果は、あくまで「神慮」による厳かなものであり、決して「運」「不運」などという偶然的な要素によって決まるものではないはずなのだ。

ところが、一八世紀中頃に生きた人々は、「鉄火」という本来は神判を意味する言葉を賭博の意味で使用しはじめる。ここに、私たちは当時の人々の意識の変容を見ることができるかもしれない。日本社会における神判の歴史とは、いい換えれば、神判を信じなくなってゆく歴史でもあった。湯起請からはじまって鉄火起請にいたる過程でも、人々は次第に「神慮」への懐疑を深めていった。そして、鉄火起請自体も、ついに一七世紀中頃を最後に実際に行われることは絶えてなくなる。そうして人々が「神慮」を信じなくなった時代にあって、もはや神判は賭博と類似のものとして把握されるようになってしまったとしても何の不思議もない。

ここまで数百年の歴史を追ってきた神判は、近世前期、一七世紀後半から一八世紀前半の時期にかけて、公的な法・裁判のシステムからは原則的に締め出されてしまうことになる。以後、日本社会において法・裁判制度は精緻な発達を遂げ、いまも私たちの社会生活になくてはならないものと化している。一方で、そうしたシステムから締め出された神判は、最後は言葉のうえでは賭博へとその姿を変えていったのである。

裁判と賭博――。思えば、まったく相容れないかに思える、この二つの現象は、中世までは神判という家のなかで、ともに同居していた兄弟だったのかもしれない。裁判と賭博が元は兄弟だった、などというと、あるいは不謹慎であるといわれてしまうかもしれないが、中世社会において裁判的な要素と賭博的な要素を兼ね備えていたのが、まさに神判であった。客観的な善悪を公明正大に明らかにしようとする方向性と、それとは反対に自然のままに偶然的な要素に身を委ねることで当事者に衡平《こうへい》に得失の機会を与えようとする方向性。本来は正反対であるはずの二つの方向性を中世の人々は「神」の名のもとに統合することで、社会の秩序を維持してゆこうとしたのであった。

一口に「裁判」といっても、それが万能ではないことは、すでに現代の私たちはよく知ってしまっている。空疎な条文に基づいた四角四面の法律解釈では必ずしも「正しい」人々が救われないことも。また、判例収集や法廷での弁論術の優劣によって、しばしば「真実」が捻じ曲げられるということも。そして、何より裁判沙汰は勝っても負けても双方にしこりが残る。そうしたなかで、およそ「裁判」とはまったく対極にあるかのような方向性を「神」の名のもとに持ち込んだ人々の精神。これはこれで、人類史上のひとつの叡智《えいち》とよぶことが許されるのではないだろうか。本書は、そうした視座のもと、神判を「未開」社会の因習と決めつけることなく、それなりの「合理性」をもったシステムとして見つめることを目指してきたつもりである。

＊　＊　＊

振り返ってみると、かねてから私のなかに漠然と「神判を主題にした本を書いてみたい」という思いはあった。ただ様々な仕事に忙殺され、その興味を失いかけていたところを、中公新書編集部の高橋真理子さんのお誘いにより、運よく初志を取り戻させてもらえたような気がする。ただ、書きはじめてみると、興味の枝葉が次々と広がってゆき、また他の仕事もあって、執筆はたびたび中断。収拾をつけるのに思いのほか手間どり、高橋さんにはずいぶんご迷惑をおかけしてしまった。

とくに鉄火起請の伝説の思いもよらぬ広がりには私自身も驚かされ、執筆そっちのけで、ついつい調査にのめり込んでしまった。調査のための費用などの一切は、同じ職場の故孝本貢先生を代表とする平成一九〜二一年度日本学術振興会科学研究費補助金（研究課題「戦争の記憶の創出と変容―地域社会における戦争死者慰霊祭祀の変遷と現状―」、課題番号：一九三三〇一一六）によって賄われた。孝本先生には私の就職時にお世話になったことにはじまり、社会学・宗教学を中心とする研究会だったにもかかわらず、その末席に加えていただき、そのなかで勉強する過程で鉄火起請関連史跡の調査が「地域社会における戦争死者慰霊祭祀の歴史的考察」につながることを気づかせてもらった。本来なら、その成果である本書は真っ先に孝本先生に献呈し、ご批判を仰ぎたいところなのだが、孝本先生は研究年度も終わらぬ昨年九月に惜しくも急逝されてしまい、それも叶わなくなってしまった。この場を借りてこれまでの御厚情に感謝を捧げるとともに御冥福をお祈りしたい。

また、鉄火起請関連史跡の現地調査では、日本近世史のS氏こと齋藤悦正氏のほか、私の大学院講義の受講生の皆さんなど、多くの方々に御協力をいただいた。近江・会津・日根野・横浜……と、調査が楽しく充実していたのは、半分以上は同行メンバーの存在が大きかったと思う。未知の史跡はまだまだ日本中にありそうだ。よろしかったら、またご一緒いただきたい。

二〇一〇年二月七日

清水克行

参考文献

参考文献は、原則的に本文で言及した順に従い配列した。ただし、「はじめに」と第二章、第七章については、外国史の文献を除き、関連文献を発表年次順に配列してある。

はじめに

原田敏丸「近世の近江における林野の境界争論と鉄火裁判」（徳川林政史研究所『研究紀要』一九七一年度）
山本幸俊「近世初期の論所と裁許」（北島正元編『近世の支配体制と社会構造』吉川弘文館、一九八三年）
阿部俊夫「近世初頭の村落間争論と鉄火取りの伝承」（『福島県歴史資料館研究紀要』一二号、一九九〇年）
角田十三男「『新編会津風土記』に見られる西会津に起きた山境争いの鉄火裁判」（『西会津史談』二号、一九九九年）
角田十三男「「鉄火之可為勝負候」－昔の西会津に起きた山境争いの鉄火裁判」（『歴史春秋』五五号、二〇〇二年）
グループ研究「首塚・胴塚・足塚の調査　その1」（『西会津史談』八号、二〇〇五年）

第一章

伊藤清司「古代の慣習法」（岸俊男編『日本の古代　第七巻　まつりごとの展開』中央公論社、一九八六年）

時野谷滋『飛鳥奈良時代の基礎的研究』(国書刊行会、一九九〇年)
石井紫郎「外から見た盟神探湯」(石井紫郎・樋口範雄編『外から見た日本法』東京大学出版会、一九九五年)
山田仁史「盟神探湯・湯起請・鉄火」(『東アジアの古代文化』八五~八七号、一九九五~九六年)
入間田宣夫『百姓申状と起請文の世界』(東京大学出版会、一九八六年)
大塚活美「湯起請・鉄火についての覚書」(京都文化博物館研究紀要『朱雀』六集、一九九三年)
小林宏「我が中世における神判の一考察」(同『日本における立法と法解釈の史的研究　第一巻　古代・中世』汲古書院、二〇〇九年、初出一九六九年)
棚橋光男「祭文と問注記」(同『中世成立期の法と国家』塙書房、一九八三年、初出一九八二年)
海津一朗「鎌倉幕府の道理－メンスと起請－」(佐藤和彦編『中世史用語事典』新人物往来社、一九九一年)
酒井紀美『中世のうわさ』(吉川弘文館、一九九七年)

第二章

中田薫「古代亜細亜諸邦に行はれたる神判」「古代亜細亜諸邦に行はれたる神判補考」(同『法制史論集　第三巻下』岩波書店、一九四三年、初出一九〇四~〇七年)
牧野信之助「神誓裁判について」(同『武家時代社会の研究』刀江書院、一九二八年、初出一九二六年)
石井良助『中世武家不動産訴訟法の研究』(弘文堂、一九三八年)
可児光生「神判としての起請をめぐって」(『年報中世史研究』五号、一九八〇年)
瀬田勝哉「『鬮取』についての覚書」(『武蔵大学人文学会雑誌』一三－四、一九八二年)

大塚活美「湯起請・鉄火についての覚書」（前掲）
上野史朗「室町時代における神判の取り扱いについて」（『中京法学』三二巻二号、一九九七年）
酒井紀美『日本中世の在地社会』（吉川弘文館、一九九九年）
今谷明『籤引き将軍足利義教』（講談社選書メチエ、二〇〇三年）
細貝眞理「室町時代の湯起請に関する一考察」（国学院大学二一世紀COEプログラム『神道と日本文化の国学的研究発信の拠点形成研究報告』Ⅱ、二〇〇七年）
宇井清隆「「湯起請関係事件表」について」（『立教日本史論集』一一号、二〇〇九年）
清水克行「湯起請をめぐる室町人の意識」（鈴木・高谷・林・屋敷編『法の流通』慈学社出版、二〇〇九年）
小林一岳「山野紛争と十四世紀地域社会」（蔵持重裕編『中世の紛争と地域社会』岩田書院、二〇〇九年）
長谷川裕子「湖西の村の『生存史』」（蔵持重裕編『中世の紛争と地域社会』岩田書院、二〇〇九年）
R・バートレット〔竜嵜喜助訳〕『中世の神判』（尚学社、一九九三年）
赤阪俊一「ヨーロッパにおける神判研究史」（『西洋史学』一七一号、一九九三年）
高橋清徳「中世の神判をみる視点とその座標系」（『千葉大学法学論集』一〇－四、一九九六年）
赤阪俊一『神に問う－中世における秩序・正義・神判－』（嵯峨野書院、一九九九年）

第三章

千々和到「中世民衆の意識と思想」（『一揆　4』東京大学出版会、一九八一年）
榎原雅治「むすびあう地域」（坂田・榎原・稲葉編『村の戦争と平和〔日本の中世12〕』中央公論新社、二〇〇二年）

瀬田勝哉「神判と検断」（『日本の社会史　第五巻　裁判と規範』岩波書店、一九八七年）
酒井紀美『中世のうわさ』（前掲）
藤木久志「村の入札」（同『戦国の村を行く』朝日選書、一九九七年、初出一九八九年）
樋口健太郎「室町時代の摂津国輪田庄と赤松氏」（『神戸大学史学年報』二一号、二〇〇六年）
赤阪俊一「ヨーロッパにおける神判研究史」（前掲）
高橋清徳「中世の神判をみる視点とその座標系」（前掲）
赤阪俊一『神に問う―中世における秩序・正義・神判―』（前掲）
今谷明『日本国王と土民（集英社版日本の歴史9）』（集英社、一九九二年）

第四章

細貝眞理「室町時代の湯起請に関する一考察」（前掲）
清水克行「中世社会の復讐手段としての自害」（同『室町社会の騒擾と秩序』吉川弘文館、二〇〇四年）
新城常三「寄船・寄物考」（同『中世水運史の研究』塙書房、一九九四年）
笠松宏至『日本中世法史論』（東京大学出版会、一九七九年）
瀬田勝哉「神判と検断」（前掲）
蔵持重裕「中世古老の機能と様相」（同『日本中世村落社会史の研究』校倉書房、一九九六年）
桜井英治「中世商業における慣習と秩序」（同『日本中世の経済構造』岩波書店、一九九六年、初出一九八七年）
中島圭一「室町時代の経済」（榎原雅治編『一揆の時代（日本の時代史11）』吉川弘文館、二〇〇三年）

クヌート・W・ネル〔村上淳一訳〕『ヨーロッパ法史入門』（東京大学出版会、一九九九年）

第五章

酒井紀美『日本中世の在地社会』（前掲）
熱田公「古市澄胤の登場」（同『中世寺領荘園と動乱期の社会』思文閣出版、二〇〇四年）
今谷明『籤引き将軍足利義教』（前掲）
瀬田勝哉「『鬮取』についての覚書」（前掲）
設楽薫「将軍足利義教の「御前沙汰」体制と管領」（『年報中世史研究』一八号、一九九三年）
笠松宏至「折中の法」（同『法と言葉の中世史』平凡社、一九八四年、初出一九七七年）
清水克行『喧嘩両成敗の誕生』（講談社選書メチエ、二〇〇六年）

第六章

瀬田勝哉「『鬮取』についての覚書」（前掲）
勝俣鎮夫『戦国時代論』（岩波書店、一九九六年）
荻野三七彦「古文書にあらわれた血の慣習」（同『日本古文書学と中世文化史』吉川弘文館、一九九五年）
千々和到「中世民衆の意識と思想」（前掲）
斎木一馬「〝起請破り〟と〝起請返し〟」（同『斎木一馬著作集二　古記録の研究下』吉川弘文館、一九八九年）

第七章

木代修一「近江の火誓文書」(同『日本文化の周辺』雄山閣、一九八二年、初出一九三六年)
朽木村教育委員会編『朽木の昔話と伝説』(一九七七年)
中貞夫「江戸時代における南伊賀の山論」(『伊賀郷土史研究』七輯、一九七八年)
横田冬彦「羽田郷の火起請」(『八日市市史編さん便り』一八号、一九八四年)
藤木久志『豊臣平和令と戦国社会』(東京大学出版会、一九八五年)
藤木久志『戦国の作法〔増補版〕』(講談社学術文庫、二〇〇八年、初版は一九八七年)
下村效「『刑政総類』所収の一分国法について」(『栃木史学』一号、一九八七年)
松本芳郎「上之郷・日根野周辺の村間紛争」(上中下)(泉佐野の歴史と今を知る会『会報』一四・一五・一八号、一九八九年)
加藤光男「近世村落における起請行為と罰文」(『歴史評論』四八九号、一九九一年)
藤田達生「近世初頭の開発と村落」(『日本史研究』三六九号、一九九三年)
川崎の民話調査団・川崎市民ミュージアム編『川崎物語集　第三巻』(一九九四年)
水口町立歴史民俗資料館編『宇川共有文書調査報告書(上・下)』(一九九六〜九七年)
渡辺恒一「近世初期の村落間争論と地域秩序」(『歴史科学』一五二号、一九九八年)
櫻井彦「葛川谷北側の境について」(研究代表者小林一岳『山間村落における交流の総合的研究』二〇〇一年)
保坂智「近世初期の義民」(『国士舘大学文学部人文学会紀要』三五号、二〇〇二年)
高橋裕文「中近世過渡期の常陸の山野入会地紛争」(『茨城の歴史教育』二七号、二〇〇四年)

谷口眞子「神判の機能」（『成蹊大学一般研究報告』三六巻、二〇〇五年）
村田精悦「若柳勝瀬と与瀬の河原相論と「くわさい」」（城山地域史研究会『春林文化』五号、二〇一〇年）

おわりに

中田薫「古代亜細亜諸邦に行はれたる神判」「古代亜細亜諸邦に行はれたる神判補考」（前掲）
杉本良男・千々和到・塙浩・奥村郁三「神判」（『世界大百科事典　第一四巻』平凡社、一九八八年）
藤田朋久「神判（ヨーロッパの）」（『歴史学事典　第九巻』弘文堂、二〇〇二年）
小谷汪之『インドの中世社会』（岩波書店、一九八九年）
丹羽友三郎「神判に関する一研究」（『三重法経』九二号、一九九二年）
石母田正「歴史学と「日本人論」」（『石母田正著作集　第八巻』岩波書店、一九八九年）
吉田正志「賭けと裁判」（『国学院大学日本文化研究所紀要』九二輯、二〇〇三年）

典拠	備考
「小樟区有文書」1号（『福井県史』資料編５）	⊗
『教言卿記』	⊠
「鵜川区有文書」（『高島町史』）	◐
「禅定寺文書」90・91号	⊗
「間藤家文書」35号（『和歌山県史』中世史料２）	⊗
「湯橋家文書」７号（『和歌山県史』中世史料２）	⊗
「開口神社文書」（『堺市史』４）	⊗
『看聞日記』『薩戒記』	⊠
『永享元年日記』（「加能越古文叢」21・22） （設楽薫「将軍足利義教の「御前沙汰」体制と管領」所引）	⊗
『鎮守八幡供僧評定引付』（ワ函）	⊠
『看聞日記』	⊠□■◩◩
『看聞日記』『満済准后日記』	■■■■■■
『御前落居奉書』	⊗
『御前落居記録』 「山中文書」148号（『水口町志』）	⊗

湯起請事例一覧表

【凡例】
犯人探し型湯起請；
☒＝中止・不明　□＝無罪　■＝有罪　◩＝後日有罪
紛争解決型湯起請；
⊗＝中止・不明　○＝双方無罪　●＝双方有罪　◐＝判決確定

	年・月・日	場所	対象者・原因
1	応永11(1404)・10・11	越前	小樟村 vs 大樟村(存疑)
2	応永13(1406)・7・14	京	山科家中の盗人探索
3	応永23(1416)・6・30	近江	音羽荘打下 vs 小松荘
4	応永24(1417)・10	山城	曾束荘 vs 禅定寺(山論)
5	応永24(1417)・11・18	紀伊	三上荘寺領百姓 vs 惣郷百姓
6	応永29(1422)	紀伊	岩橋荘 vs 和佐荘(境論)(存疑)
7	応永31(1424)・5	和泉	念仏寺 vs 住吉社
8	応永32(1425)・8・24	京	内侍所刀自三条・式部
9	正長2(1429)・7・8	京	飯尾重清 vs 気多社雑掌
10	正長2(1429)・8・9	京	彦三郎(鎮守社頭盗人容疑)
11	永享3(1431)・6・5	山城(伏見荘)	荘内盗人容疑者三四人
12	永享3(1431)・7・10	京(亭子院)	米商売者六人
13	永享3(1431)・9・15	紀伊	日前宮下白冠千顕 vs 紀伊国造雑掌(所領相論)
14	永享3(1431)・11・14	近江	真如寺正脈院(岩根朝国村)vs 延暦寺法

『御前落居記録』	⊠
『満済准后日記』『北野社家日記』	⊠
『御前落居記録』	■
『看聞日記』裏書	□□□
『満済准后日記』	⊠□
『廿一口供僧方評定引付』（く函）	⊠
小松打下境論目録（「伊藤家文書」）	◐
『看聞日記』	○
『看聞日記』	⊠
『蔭凉軒日録』	⊠
『看聞日記』	⊠
『看聞日記』	⊠
『看聞日記』	□■■■
『廿一口供僧方評定引付』（ち函）	□□□
「評定衆意見状」（『室町幕府法』参考318・319）	●
『鎮守八幡宮供僧評定引付』（ワ函）	⊗

			輪院(山上保)(境論)
15	永享4(1432)・4・14	播磨	中村佐渡入道・上月大和守(年貢抑留と被官人殺害容疑)
16	永享4(1432)・5・20	京(亭子院)	北野社僧(御手水相伝問題)
17	永享4(1432)・8・12	山城	小笠原持長代官(百姓殺害)
18	永享4(1432)・8・15	京(亭子院)	四辻季保の青侍ら(密通事件)
19	永享5(1433)・9・18	京	河野加賀入道ら(祇園社僧殺害)
20	永享7(1435)・2・7	播磨(矢野荘)	熊蔵東坊(盗犯被害の虚偽申告)
21	永享8(1436)・5・4	京(成仏寺)	近江国小松荘vs音羽荘打下(山論)
22	永享8(1436)・5・19	京(成仏寺)	近江国山前南荘vs観音寺百姓(山論)
23	永享8(1436)・11・23	山城(伏見荘)	荘内盗人捜索
24	永享9(1437)・5・14	京	南禅寺賀副寺
25	永享9(1437)・6・5	山城(伏見荘)	荘内盗人捜索
26	永享9(1437)・7・3	京	医師坂胤能
27	永享10(1438)・3・15	京	赤松家人依藤以下4人
28	永享10(1438)・12・26	京	寺中中居・下部以下悉(寺家土蔵盗人捜索)
29	永享11(1439)・6・8	近江	常在光寺(田上杣荘)vs朝倉繁清・楢葉満清(田上牧荘)(山論)
30	永享13(1441)・6・23	京	乗南vs上久世荘百

『建内記』	⊠
『廿一口供僧方評定引付』ち(参考 7 /27, 8/1, 8/28, 9 /25, 文安 4 / 4 /29) 『東寺執行日記』、聖清書状(「東寺百合文書」や函135)	◩
『建内記』	■
『廿一口供僧方評定引付』(く函)	⊠
『東寺執行日記』(参考 6 /20, 文安 4 / 5 / 9)	■
『九条満家公引付』(『九条家歴世記録』) 『九条家文書』	□
「湯橋家文書」 6 ・ 7 号(『和歌山県史』中世史料 2)	⊗
『廿一口供僧方評定引付』(天地函)	⊠
「東寺百合文書」を183・482・496	□
「氏経卿引付」二(『三重県史』資料編中世 1 上)	⊗
「建内文書」 1 (『中村吉治収集土一揆史料集成』所引)	⊠
「東大寺文書」(『静岡県史』2244)	⊠
『大乗院寺社雑事記』	⊠
『菅浦文書』318・323号	◐
「東寺百合文書」ハ函360	□
『廿一口供僧方評定引付』(天地函)	⊠
『廿一口供僧方評定引付』(ち函)	⊠
『経覚私要鈔』	⊠
『大乗院寺社雑事記』	⊠

			姓(借物相論)
31	嘉吉 1 (1441)・閏 9・16	京	聖忻(落書糺明)
32	嘉吉 3 (1443)・8・25	京	定忍(瓜盗人容疑)
33	文安 1 (1444)・6・9	京	伊勢貞弘(伊勢貞安殺害)
34	文安 2 (1445)・3・24	京	寺内盗人捜索
35	文安 2 (1445)・5・9	京	石法師息菊松(盗犯)
36	文安 2 (1445)・8	摂津(輪田荘)	輪田荘百姓(代官の不正)
37	文安 4 (1447)・10	紀伊	岩橋荘 vs 和佐荘(境論)
38	宝徳 2 (1450)・4・3	京	「盗犯落書事」
39	宝徳 2 (1450)・9・26	山城(上久世荘)	彦太郎(三浦為継内者)
40	享徳 1 (1452)・8・7	伊勢	田宮寺 vs 榎社
41	享徳 2 (1453)・2	摂津	広峯社百姓
42	康正 2 (1456)・4・19	遠江	蒲御厨の徳政一揆張本捜索
43	寛正 2 (1461)・5・14	奈良	寺内放火犯捜索
44	寛正 2 (1461)・11・3	近江	菅浦 vs 大浦
45	寛正 4 (1463)・2・12	若狭(太良荘)	左近大夫(売却地相論)
46	寛正 4 (1463)・5・6	京	寺内時所盗人捜索
47	寛正 5 (1464)・3・1	京	敬連・竹乙(博奕容疑)
48	寛正 5 (1464)・10・29	奈良(古市)	古市館盗人捜索
49	寛正 6 (1465)・4・24	奈良	兵庫関代官神人・承仕

『廿一口供僧方評定引付』（く函、参考6/14・17・19）	◩
『大乗院寺社雑事記』	☒
『大乗院寺社雑事記』	⊗
「離宮八幡宮文書」149号（『大山崎町史』）	⊗
『大乗院寺社雑事記』	⊗
『出雲国造家文書』81号	☒
『大乗院寺社雑事記』	□
『大乗院寺社雑事記』	☒
『廿一口供僧方評定引付』（ち函）	☒
『大乗院寺社雑事記』	■■■ ?
『大乗院寺社雑事記』	☒
『大乗院寺社雑事記』	⊗
『多聞院日記』	⊗
『大乗院寺社雑事記』	☒
『醍醐寺文書』1111号	⊗
『内宮引付』下（『三重県史』資料編中世1上）	⊗
「粉河寺方衆座文書」『粉河寺旧記（天英本）』（『粉河町史』）	○

50	寛正 7 (1466)・3・12	京	仏乗院小者猿松(盗人容疑)
51	文正 1 (1466)・6・7	奈良	四恩院殺害人捜索
52	文正 1 (1466)・7・7	奈良	西院荘前職人 vs 当職人(夜打人相論)
53	応仁 2 (1468)・7・晦	山城	大山崎離宮八幡宮日使頭役相論
54	応仁 2 (1468)・10・19	奈良(福寺)	布座 vs 小物座(木綿売相論)
55	文正 1 ～文明 2 (1466～70)	出雲	破損船漂着の真偽
56	文明 1 (1469)・6・16	奈良(十市)	大五輪寺舜識房(舜音殺害容疑)
57	文明 5 (1473)・2・4	奈良	野田郷下北小路(米倉盗人捜索)
58	文明 5 (1473)・2・27	京	五郎次郎(鎮守盗人容疑)
59	文明 5 (1473)・5・20	奈良	神鹿殺害容疑三人
60	文明 6 (1474)・6・1	奈良	菩提山大門放火犯捜索
61	文明 6 (1474)・6・13	奈良(古市)	池田荘 vs 井殿荘(所領相論)
62	文明10(1478)・8・12	奈良	東九条郷 vs 八条郷(座敷相論)
63	文明11(1479)・5・24	奈良(古市)	古市内太刀盗犯捜索
64	文明12(1480)・6	山城	伏見荘 vs 醍醐郷(山相論)
65	文明15(1483)	伊勢	山田広徳寺 vs 長松為延(所領相論・長松御厨内野美名等3ヶ村)
66	文明17(1485)・7・28	紀伊	長田村 vs 志野村(山相論)

『廿一口供僧方評定引付』（ワ函）	☒□
『九条家文書』506号	☒
「短野区文書」636号（『かつらぎ町史』古代中世史料編）	⊗
『大乗院寺社雑事記』	⊗
『鎮守八幡宮供僧評定引付』（ね函）	☒□□□
『山科家礼記』	☒
『大乗院寺社雑事記』	◐
『大乗院寺社雑事記』	☒
『大乗院寺社雑事記』	☒
『大乗院寺社雑事記』	□
『大乗院寺社雑事記』	⊗
『大乗院寺社雑事記』	☒□□
『大乗院寺社雑事記』	□□
『政基公旅引付』	■?
『松陰私語』第２（『群馬県史』資料編５）	☒
『網野善彦著作集』第11巻（351～352頁）所引	⊗
「増善寺文書」（『静岡県史』1909）	◐
『八代日記』	●

67	文明18(1486)・2・25	京	猿法師・新五郎(強盗容疑)
68	文明18(1486)・11・9	播磨（田原荘)	青田助太郎(兵粮徴発の弁明)
69	長享1(1487)・10・18	紀伊	妙寺村vs短野村(山相論)
70	長享1(1487)・12・2	奈良	坂油座衆vs朝舜(商売物奪取)
71	長享2(1488)・12・20	山城（下久世荘)	大蔵庵盗人捜索
72	長享3(1489)・7・16	山城（山科東荘)	荘内盗犯捜索
73	延徳4(1492)・7・10	奈良	羽津里荘vs大田荘(溝堀相論)
74	明応2(1493)・12・28	奈良	東大寺大仏殿油盗犯捜索
75	明応5(1496)・閏2・26	奈良	岸田某(新木荘給主米相論)
76	明応6(1497)・11・8	奈良	御童子紀七(神鹿殺害容疑)
77	明応6(1497)・11・8	奈良	米座相論
78	明応7(1498)・5・19	奈良（般若寺)	越田尻荘住人(追剝容疑)
79	明応8(1499)・12・1	奈良	実順房宗成・乗観房専弘(引剝罪科免除)
80	文亀4(1504)・1・11	和泉	日根野荘内盗人捜索
81	永正6(1509)・閏8	上野	僧松陰(「火湯之両誓」)
82	永正7(1510)?・4	京	祇園社犬神人(塩専売相論)
83	天文17(1548)・7・2	駿河	高田vs藪田
84	天文21(1552)・11・6	肥後	ケン蔵主vs一瀬新左

『朝倉始末記』巻 3 (『蓮如・一向一揆』)	■
『中世法制史料集　第 5 巻』712号	⊗
「神宮寺文書」21号(『福井県史』資料編 9)	⊗

			衛門
85	永禄11(1568)・6・25	越前	朝倉義景嫡子毒殺の女房
86	永禄13(1570)・3・24	近江	大原同名中与掟書(「よき起請」)
87	年未詳	若狭	温科山城 vs 神宮寺

原因	典拠	備考
「火湯之両誓」	『松陰私語』第2（『群馬県史』資料編5）	⊠
夜討	『信長公記』首巻(28)	◐
口論	『甲陽軍鑑』17巻	◐
姦通	『甲陽軍鑑』18巻	⊗
川境相論	「坂本是成氏所蔵文書」(『神奈川県史』資料編6）	◐
家臣間争論	『寛政重修諸家譜』	◐
山相論	「赤萩区有文書」（『福井県史』資料編6）	◐
分国法	「結城氏新法度」12条	⊠
毒殺犯	堺真宗寺本『私心記』	⊠
大原同名中与掟書	『中世法制史料集　第5巻』712号	⊗
?	『なぐさみ草』第205段、『徒然草諸抄大成』第205段	◐
謀叛	『土佐国蠹簡集』巻5「雪蹊寺所蔵大牌」(『南路志』9所収)、『中興武家盛衰記』(『大日本史料』11－1)	◐
山相論	「糸魚川市御前山区有文書」(『新潟県史』2219号)	◐
?	『大和田重清日記』	□□
山相論	『高島郡志』第1編第6章「人物」（p. 407)	⊗

鉄火起請事例一覧表

【凡例】

犯人探し型鉄火起請；

☒＝中止・不明　□＝無罪　■＝有罪　◩＝後日有罪

紛争解決型鉄火起請；

⊗＝中止・不明　○＝双方無罪　●＝双方有罪　◐＝判決確定

	年・月・日	場所	対象者
1	永正6(1509)・閏8	上野	僧松陰
2	天文末	尾張海東郡	一色村左介
3	戦国期	甲斐	増城源八被官 vs ふるや総次郎被官
4	戦国期	信濃岩村田	法華僧 vs 百姓夫
5	戦国期	甲斐都留郡	若柳・勝瀬村 vs 与瀬川
6	戦国期	三河岡崎	本多重次 vs 織田家臣
7	弘治2(1556)・4・5	越前南条郡	赤萩村 vs 河野浦
8	弘治2(1556)・11・25	常陸結城	「神慮ニまかせ、てんくわのさた」
9	弘治3(1557)・5・14	摂津石山	超勝寺教芳の内衆
10	永禄13(1570)・3・24	近江	「よき起請」(斧起請か)
11	天正10(1582)	京(北野)	兄(徳本)vs 弟
12	天正14(1586)・12・12	京	斎藤利光 vs 従弟意密
13	天正16(1588)・3・10	越後頸城郡	御前山村 vs 西海(市野々村)
14	文禄2(1593)・11・13	常陸小川郷	御夫馬乗両人
15	文禄3(1594)	近江高島郡	細川村 vs 栃生村

盗犯	『日本西教史』第10章	□
境相論	『関東三大堰ノ一沿革誌』『筑波郡郷土史』（寛永年間とも伝わる）	◐
山論	「池田区有文書」	⊗
山相論	「滋賀県神崎郡永源寺町大字蛭谷・小椋家文書」	◐
川境相論	「宇川共有文書」（『水口町文化財調査報告書』10）	⊗
川境相論（村法）	「宇川共有文書」（『水口町文化財調査報告書』10）	⊗
公事	『福島太夫殿御事』 『16・7世紀イエズス会日本報告集』第Ⅰ期第5巻	◐
盗犯	『日本西教史』第13章	☒
川境相論（村法）	「宇川共有文書」（『水口町文化財調査報告書』10）	⊗
山相論	「中村文書」（『久居市史』上巻）	◐
山相論	「加藤喜平家文書」（福島県磐梯町）	●
山相論	「水府志料所収文書」（『茨城県史料中世Ⅱ』355頁） 『おたまき』	⊗
山相論	「中村三之丞家文書」（『福井県史』資料編6）	⊗
山相論	「老川区有文書」「若山家文書」	⊗
境相論	「岩上吉信家文書」（『南河内町史』史料編3）	◐
藩法	「定法度条々」48条（『山内家史料』2）	☒
兄殺害	『当代記』、『駿府記』、『玉露叢』	☒
山相論	「川上氏蒐集文書」（『泉佐野市史』）	◐
盗犯	『イギリス商館長日記』	☒

鉄火起請事例一覧表

16	文禄4(1595)	肥前大村	キリスト教徒
17	慶長3(1598)・11・15	常陸筑波郡	川崎郷 vs 栖戸郷
18	慶長8(1603)	近江甲賀郡	池田村 vs 野川村
19	慶長10(1605)・6・27	近江愛智郡	久居瀬・黄和田村 vs 奥四ヵ村
20	慶長10(1605)	近江甲賀郡	宇治河原村 vs 北内貴村
21	慶長11(1606)・3・28	近江甲賀郡	宇治河原村 vs 酒人村
22	慶長11(1606)	安芸広島	藤松次右衛門 vs 津田野小源太
23	慶長12(1607)	周防山口	豪商の子ジュステン
24	慶長12(1607)・6・10	近江甲賀郡	宇治河原村 vs 酒人・宇田村
25	慶長12(1607)・11・13	伊勢一志郡	一色村 vs 大鳥村
26	慶長14(1609)	陸奥耶麻郡	赤井田村 vs 落合村
27	慶長14(1609)・5・9	常陸多賀郡	大窪村 vs 諏訪村
28	慶長14(1609)・5・12	越前南条郡	河野浦 vs 赤萩村
29	慶長14(1609)・6	伊賀伊賀郡	奥鹿野村 vs 岡田・寺脇村
30	慶長16(1611)	下野都賀郡	小金井宿 vs 薬師寺・町田・田中三ヶ村
31	慶長17(1612)・閏10・22	土佐	「火石之厳密にまかすへし」
32	慶長19(1614)・3・28	駿河駿府熊野森	弟
33	慶長年間(1596〜1615)	和泉日根郡	日根野村 vs 上之郷村
34	元和4(1618)・4・28	肥前平戸	スプーン泥棒

山相論	『新編会津風土記』巻之95・網沢村、「青津家文書」	◐
山相論	日野町綿向神社所蔵『山論鉄火裁許之訳書』	◐
山相論（村法）	「永源寺町佐目区有文書」	⊗
山相論	「向山治郎右ヱ門家文書」（『福井県史』資料編６）	⊗
用水相論	「宇川共有文書」（『水口町文化財調査報告書』９）	⊗
境相論	「涼源院記」ほか（『大日本史料』12−49）	◐
山相論	「相川町北片辺区所蔵文書」（『新潟県史』資料編９）	●
境相論	『伊達政宗文書（仙台市史　資料編13）』3139号	⊗
山相論	『八瀬童子会文書』97〜100号	⊗
用水相論	「板谷宇一家文書」（『八日市市史』資料編Ⅱ）	⊗
馬草場相論	「浅子家文書」	⊗

・天保８（1837）年、越後国魚沼郡亀岡本田・新田で盗犯捜索のため鉄火起請が行われようとしており、嘉永６（1853）年には同じく魚沼郡谷内村での盗犯捜索のために湯起請が提案されている（『津南町史　通史編上巻』第３章第３節、山田邦明氏の御教示）。

鉄火起請事例一覧表

35	元和5(1619)・8・6	陸奥稲川郡	綱沢村 vs 松尾村
36	元和5(1619)・9・18	近江蒲生郡	日野東九ヶ村 vs 日野西九ヶ村
37	元和6(1620)・5・27	近江神崎郡	佐目村 vs 甲津畑村
38	元和6(1620)	越前南条郡	大谷浦 vs 菅谷村
39	元和8(1622)・6・4	近江甲賀郡	宇治河原村 vs 宇田村
40	元和8(1622)・11・16	山城乙訓郡	大原野村 vs 灰方村
41	元和10(1624)・10・14	佐渡雑太郡	南片辺村 vs 北片辺村
42	寛永6(1629)・7・28	陸奥	仙台藩 vs 相馬藩
43	寛永8(1631)・2・16	京都	八瀬村 vs 高野郷
44	慶安3(1650)	近江蒲生郡	下羽田村 vs 中羽田村・上羽田村
45	万治3(1660)	武蔵足立郡	大和田村 vs 中丸村

〔再版補記〕

本書初版刊行後に、筆者が知りえた湯起請、鉄火起請の事例は下記のとおりである。諸氏の御教示に感謝したい。

・応永25(1418)年6月5日付の乗蓮坊兼宗書状(『長命寺古文書等調査報告書』96号)によれば、近江牧庄と比留田の地堺相論で湯起請(牧庄の勝利)。

・『山科家礼記』文明4(1472)年12月13日条で、粟津供御人が伏見宮家との駄別公事相論で湯起請を提案している。

・越後国中頸城郡轟木村の嘉永7(1854)年の村掟、および二子村の享保18(1733)年・文化8(1811)年の村掟に「手火取」についての規定がある(『十日町市史　資料編4・近世1』、上白石実氏の御教示)。

・寛文年間(1661～1673)、同中頸城郡の神田村と越柳村の地堺相論で鉄火起請が行われている(「三和村秋山家文書」。山本幸俊「中世末・近世初期の越後の村」〔田村・坂井編『中世の越後と佐渡』高志書院〕参照。高橋一樹氏の御教示。同所には鉄火塚も現存しており、再版以降163頁の表に事例を付け加えた)。

清水克行（しみず・かつゆき）

1971年東京都生まれ．立教大学文学部卒業．早稲田大学大学院文学研究科博士後期課程単位取得退学．博士（文学）．現在，明治大学商学部教授．
著書『室町社会の騒擾と秩序』（2004，吉川弘文館）
『喧嘩両成敗の誕生』（2006，講談社選書メチエ）
『大飢饉，室町社会を襲う！』（2008，吉川弘文館歴史文化ライブラリー）
『足利尊氏と関東』（2013，吉川弘文館）
『耳鼻削ぎの日本史』（2015，洋泉社歴史新書y，2019，文春学藝ライブラリー）
『戦国大名と分国法』（2018，岩波新書）

日本神判史《にほんしんばんし》
中公新書 2058

2010年5月25日初版
2020年6月25日3版

著　者　清水克行
発行者　松田陽三

本文印刷　三晃印刷
カバー印刷　大熊整美堂
製　　本　小泉製本

発行所　中央公論新社
〒100-8152
東京都千代田区大手町1-7-1
電話　販売 03-5299-1730
　　　編集 03-5299-1830
URL http://www.chuko.co.jp/

Published by CHUOKORON-SHINSHA, INC.
Printed in Japan　ISBN978-4-12-102058-1 C1221

中公新書刊行のことば

いまからちょうど五世紀まえ、グーテンベルクが近代印刷術を発明したとき、書物の大量生産は潜在的可能性を獲得し、いまからちょうど一世紀まえ、世界のおもな文明国で義務教育制度が採用されたとき、書物の大量需要の潜在性が形成された。この二つの潜在性がはげしく現実化したのが現代である。

いまや、書物によって視野を拡大し、変りゆく世界に豊かに対応しようとする強い要求を私たちは抑えることができない。この要求にこたえる義務を、今日の書物は背負っている。だが、その義務は、たんに専門的知識の通俗化をはかることによって果たされるものでもなく、通俗的好奇心にうったえて、いたずらに発行部数の巨大さを誇ることによって果たされるものでもない。現代を真摯に生きようとする読者に、真に知るに価いする知識だけを選びだして提供すること、これが中公新書の最大の目標である。

私たちは、知識として錯覚しているものによってしばしば動かされ、裏切られる。私たちは、作為によってあたえられた知識のうえに生きることがあまりに多く、ゆるぎない事実を通して思索することがあまりにすくない。中公新書が、その一貫した特色として自らに課すものは、この事実のみの持つ無条件の説得力を発揮させることである。現代にあらたな意味を投げかけるべく待機している過去の歴史的事実もまた、中公新書によって数多く発掘されるであろう。

中公新書は、現代を自らの眼で見つめようとする、逞しい知的な読者の活力となることを欲している。

一九六二年一一月

哲学・思想

中公新書

宗教・倫理

b1

2293 教養としての宗教入門 中村圭志
2459 聖書、コーラン、仏典 中村圭志
2158 神道とは何か 伊藤聡
1130 仏教とは何か 山折哲雄
2135 仏教、本当の教え 植木雅俊
2416 浄土真宗とは何か 小山聡子
2365 禅の教室 藤田一照 伊藤比呂美
134 地獄の思想 梅原猛
989 儒教とは何か（増補版） 加地伸行
1707 ヒンドゥー教―インドの聖と俗 森本達雄
2261 旧約聖書の謎 長谷川修一
2076 アメリカと宗教 堀内一史
2360 キリスト教と戦争 石川明人
2453 イスラームの歴史 K・アームストロング 小林朋則訳
2306 聖地巡礼 岡本亮輔
2310 山岳信仰 鈴木正崇
2499 仏像と日本人 碧海寿広

日本史

d2

- 608 613 中世の風景（上下） 阿部謹也・網野善彦・石井進・樺山紘一
- 1503 古文書返却の旅 網野善彦
- 1392 中世都市鎌倉を歩く 松尾剛次
- 2336 源頼政と木曽義仲 永井晋
- 2526 源 頼朝 元木泰雄
- 2517 承久の乱 坂井孝一
- 2461 蒙古襲来と神風 服部英雄
- 1521 後醍醐天皇 森茂暁
- 2463 兼好法師 小川剛生
- 2443 観応《かんのう》の擾乱《じょうらん》 亀田俊和
- 2179 足利義満 小川剛生
- 978 室町の王権 今谷明
- 2401 応仁の乱 呉座勇一
- 2058 日本神判史 清水克行
- 2139 贈与の歴史学 桜井英治

- 2481 戦国日本と大航海時代 平川新
- 2343 戦国武将の実力 小和田哲男
- 2084 戦国武将の手紙を読む 小和田哲男
- 2350 戦国大名の正体 鍛代敏雄
- 2593 戦国武将の叡智 小和田哲男
- 1213 流浪の戦国貴族 近衛前久 谷口研語
- 1625 織田信長合戦全録 谷口克広
- 1782 信長軍の司令官 谷口克広
- 1907 信長と消えた家臣たち 谷口克広
- 1453 信長の親衛隊 谷口克広
- 2421 織田信長の家臣団―派閥と人間関係 和田裕弘
- 2503 信長公記《しんちょうこうき》―戦国覇者の一級史料 和田裕弘
- 2555 織田信忠―天下人の嫡男 和田裕弘
- 784 豊臣秀吉 小和田哲男
- 2146 秀吉と海賊大名 藤田達生
- 2557 太閤検地 中野等
- 2265 天下統一 藤田達生

- 2357 古田織部 諏訪勝則
- 642 関ヶ原合戦 二木謙一

中公新書

日本史

d3

476 江戸時代　大石慎三郎
2552 藩とは何か　藤田達生
2565 大御所 徳川家康　三鬼清一郎
1227 保科正之《ほしなまさゆき》　中村彰彦
740 元禄御畳奉行の日記　神坂次郎
2531 火付盗賊改《ひつけとうぞくあらため》　高橋義夫
853 遊女の文化史　佐伯順子
2376 江戸の災害史　倉地克直
2584 椿井文書―日本最大級の偽文書　馬部隆弘
2380 ペリー来航　西川武臣
2047 オランダ風説書　松方冬子
1619 幕末の会津藩　星亮一
1958 幕末維新と佐賀藩　毛利敏彦
2497 公家たちの幕末維新　刑部芳則
1754 幕末歴史散歩 東京篇　一坂太郎
1811 幕末歴史散歩 京阪神篇　一坂太郎
1773 新選組　大石学
2040 鳥羽伏見の戦い　野口武彦
455 戊辰戦争　佐々木克
1235 奥羽越列藩同盟　星亮一
1728 会津落城　星亮一
2498 斗南藩《となみはん》―「朝敵」会津藩士たちの苦難と再起　星亮一

世界史

e1

- 1353 物語 中国の歴史　寺田隆信
- 2392 中国の論理　岡本隆司
- 2303 殷―中国史最古の王朝　落合淳思
- 2396 周―理想化された古代王朝　佐藤信弥
- 2542 漢帝国―400年の興亡　渡邉義浩
- 2001 孟嘗君と戦国時代　宮城谷昌光
- 12 史記　貝塚茂樹
- 2099 三国志　渡邉義浩
- 7 宦《かん》官《がん》(改版)　三田村泰助
- 15 科《か》挙《きょ》　宮崎市定
- 1812 西《せい》太《たい》后《こう》　加藤徹
- 2030 上海　榎本泰子
- 1144 台湾　伊藤潔
- 2581 台湾の歴史と文化　大東和重
- 925 物語 韓国史　金両基

- 1367 物語 フィリピンの歴史　鈴木静夫
- 1372 物語 ヴェトナムの歴史　小倉貞男
- 2208 物語 シンガポールの歴史　岩崎育夫
- 1913 物語 タイの歴史　柿崎一郎
- 2249 物語 ビルマの歴史　根本敬
- 1551 海の帝国　白石隆
- 2518 オスマン帝国　小笠原弘幸
- 1858 中東イスラーム民族史　宮田律
- 2323 文明の誕生　小林登志子
- 2523 古代オリエントの神々　小林登志子
- 1818 シュメル―人類最古の文明　小林登志子
- 1977 シュメル神話の世界　岡田明子 小林登志子
- 1594 物語 中東の歴史　牟田口義郎
- 2496 物語 アラビアの歴史　蔀勇造
- 1931 物語 イスラエルの歴史　高橋正男
- 2067 物語 エルサレムの歴史　笈川博一
- 2205 聖書考古学　長谷川修一

中公新書

現代史

中公新書

現代史

f 2